本物の思考力

出口治明
Deguchi Haruaki

小学館新書

はじめに

僕は、思い込みや固定観念が好きではありません。なぜなら、それらに縛られてしまうと常識を疑うことができにくくなり、物事の本質を見誤るからです。

加えて、最近の日本社会全体が、思い込みや固定観念でがんじがらめになっているような気がしてなりません。ゴシップや、数字・ファクト（互いに検証することが可能であるデータ）の裏付けがない思い付きの類《たぐ》いに、なんの疑いも抱かないまま一喜一憂し、振り回されているだけのように映ることすらあります。

僕は本と旅が大好きで、これまでに70ヵ国以上、1200都市以上を自分の足で歩いてきました。わかったことは、気候にしろ食べ物にしろ、日本ほど素晴らしいところはないというファクトでした。

僕は日本が大好きです。その日本がフェアかつオープンではなくなりつつあるように見えるのは、とても悲しいことです。日本の報道の自由度は、180ヵ国・地域中で72位（「国境なき記者団」2016年）という発表もありました。

一人ひとりの市民がもっともっと、自分なりに本質を見通すことができる澄んだ目を持ち、フラットに物事を判断できるようになれたらいいのに、と常々思っています。

というより、まず僕自身がそういう人間でありたいと強く願いながら、これまでたくさんの書物に触れ、素晴らしい人々と出会い、さまざまな場所を旅することで人生を学んできました。

そうした〝本質を見極める力〟のことを、近年よく耳にするようになった単語で言い換えるとするなら、〝リテラシー〟といったところでしょうか。

リテラシー（literacy）のもともとの意味は「読み書きする力」です。そこから転じて、「ある物事について、その特徴や実像を正しく理解し、適切に使いこなす能力」といったニュアンスでも用いられるようになりました。たとえば「ＩＴリテラシー」「ファイナンシャルリテラシー」「メディアリテラシー」といった具合です。

そしてリテラシーを高めていくことは、本書の軸となるテーマ「本物の思考力」を磨くこととも密接に関連してきます。

この本が、みなさんのリテラシーと思考力を高めることに、少しでも資するなら、著者として、これほどうれしいことはありません。

ライフネット生命会長　出口治明

本物の思考力

目次

第1章

根拠なき「常識」が蔓延《まんえん》する日本

「日本の伝統」という言葉を疑ってみよう

日本の普通の市民がどれだけ思い込みや固定観念に縛られているか、例を挙げてみましょう。

選択的夫婦別姓の議論において、それに反対する人々はよく「日本では、夫婦が同じ姓を名乗るのが伝統だ」と指摘します。「日本の伝統を尊重しないのはけしからん」というわけです。

しかし、果たしてそれが本当に日本の伝統だったのでしょうか。

僕は中学校で、「源《みなもとの》頼朝《よりとも》と北条《ほうじょう》政子《まさこ》は結婚して夫婦となり、鎌倉幕府を開いた」と習ったので、普通に考えれば日本の伝統は夫婦別姓だと思うのが自然です。

また、日本の伝統という言葉を持ち出すのであれば、そもそも日本とはなんなのか、定義してからでないと議論ができません。

「日本」という国号は、一般的には持統《じとう》天皇（在位６９０～６９７年）のころに固まったとされています。つまり、日本という国号には約１３００年の歴史があるということです。

そして、その1300年のあいだに日本列島で暮らしてきた人々を「日本人」と定義するのであれば、むしろ夫婦別姓が原則であった期間のほうが圧倒的に長い、というのが単純な歴史的事実です。夫婦同姓が一般的になったのは、家父長制が色濃く反映された明治憲法の施行以降のことなので、その歴史はせいぜい130年程度。「日本の伝統」を持ち出すのであれば、むしろ夫婦別姓のほうが伝統的なのです。

とかく「日本の伝統」などという、どこか情緒的で聞こえのよい言葉を持ち出されると、思考が停止してしまい、その響きにつられて「まあ、そういうものなのかな」と簡単に受け入れてしまいがちです。しかし、歴史的な経緯や具体的な事実など、数字やファクトに基づいて論理的に考えてみると、常識のように思われていることが、じつは実態とはかなり異なる言説であることが少なくありません。

同じような文脈でいうと、「日本人の特性」などという言葉も曖昧《あいまい》な表現です。「日本人は真面目で勤勉である」とか「日本人は情に厚く包容力のある民族だ」といった言葉が、ある種のロマンチシズムをともなって語られることが少なくありませんが、これはいったい、何を根拠に話しているのでしょうか。

たとえば、２０１６年の春に公表された「エデルマン・トラストバロメーター（日本調査結果）」（アメリカのPR会社エデルマンによる信頼度調査）は、わが国を「悲観大国」と形容しているのですが、このなかにおもしろいデータがいくつもありました。

「自分が働いている会社に対する信頼度」は日本は40％で、これは調査対象28ヵ国中最下位です（ブービーのロシアが48％。平均は65％）。次に「経営層に求められる資質とは」という問いに対して、欧米では「正直である」がトップ（北米59％、欧州53％）であるのに対して、日本はわずか26％（5位）です。これでも日本人は真面目で勤勉だといえるのでしょうか。むしろ面従腹背《めんじゅうふくはい》が上手だという見方もできるような気がします。

また仮に、日本人は情に厚い一面があるとするなら、それは日本が同質社会であることが、大きな理由ではないでしょうか。ここでいう同質とは、単純にいうなら人種、使用言語、宗教や文化、最低限の教育といった社会的、経済的な背景がだいたい同じである、ということです。日本人はこの同質性が高いおかげで、よくいえばお互いに相手を慮《おもんぱか》る気持ちになれる（空気が読める）、別の言い方をするなら「言葉にしなくても察して」くれて、相手任せにしてもひとまずなんとかなる、というわけです。

同じような感覚を持っている人が多い（とされている）ので、異なる文化が混在する多民族国家に比べて、摩擦が生じにくいと見ることもできます。しかし、裏を返せば、人生観や価値観が異なる人にとっては、住みにくい社会だということもできるのです。そこで人々は、面従腹背に長《た》けるようになったとする見方も可能です。

ところで、この日本人の同質性が何によってもたらされたかといえば、おそらく徳川政権が江戸時代初期から鎖国政策を推進したからでしょう。ちなみに、鎖国をプラスに捉える考え方が根強くありますが、僕は愚策だったと思っています。理由は単純で、鎖国のせいで日本は世界の発展に取り残されて世界に占めるGDPシェアがほぼ半減し、人々を土地に縛りつけたので、日本人の身長・体重が著しく小さくなったからです。

ともあれ、鎖国のせいで、同質性が良くも悪くも強化されただけのことであって、情が深いのは日本人が生まれながらに備えている特性ではない、と僕は考えています。包容力については、赤ちゃんの泣き声をうるさいと感じる大人が、これほど多い国はないという一事をもってしても、疑問符が付きます。

誤解を恐れずに言ってしまうなら、僕は「日本人の特性」など存在しないとさえ思っています。

たとえば今日、日本人であるあなたと日本人のパートナーとのあいだに赤ちゃんが生まれたとしましょう。あなたにそっくりな、かわいいその赤ちゃんが、明日アメリカに養子に出されることになりました。そして20年後に再会したとき、あなたの子どもはどうなっているでしょう。

きっと、あなたにそっくりな顔をしたアメリカ人になっているはずです。

同様に、アメリカからWASP（ホワイト・アングロサクソン・プロテスタント＝アメリカの伝統的な白人エリート層）のカップルのあいだに生まれた赤ちゃんを、生後すぐ日本に連れてきて育てればどうなるでしょうか。見た目はアメリカ人ですが、中身は完全な日本人になってしまうでしょう。

これは多くの社会学者が指摘していることですが、人間は育った環境の影響を色濃く受けながら、10〜20年かけて人格が固まっていくといわれています。つまり人間は、育った社会の常識を反映した生き物であるということ。「日本人の特性」とは、せいぜいここ20〜30年の「日本の社会ではこういう考え方が主流である」ということを大ざっぱに表しているだけであって、けっして日本人が元来持っている特徴を指しているわけではないのです。

そもそも、地球上に存在している人間はみんな、生物学的にはホモサピエンスという同一種。生まれた社会や肌の色が違っても、男性と女性が結ばれれば子どもを成すことが可能です。そうした観点から見れば、人間はみな同じであって、「日本人はこう」「アメリカ人はこう」などとカテゴライズし、レッテル貼りをすることに、ほとんど意味はありません。僕は、日本人は他国の人と比べた場合、ごく平均的な普通の市民だと考えることにしています。

本当は派手好きだった日本人

先ほど、日本や日本人の定義について指摘しましたが、日本人1300年の歩みを振り返ってみると、控えめで情緒的というより、むしろアグレッシブで直情的だった期間が長かったと捉えることもできます。

たとえば、日本文化の礎《いしずえ》となった室町時代から戦国時代を経て安土桃山時代に至る日本の武将たちは、自分の領土を拡大し、勢力を高めるために戦いの日々を送っていました。社会常識にとらわれず、ド派手に着飾ったり、周囲の耳目をひく傍若無人《ぼうじゃくぶじん》な振る舞いをしたりして、いかに自分が目立つかに血道を上《あ》げた「婆娑羅大名《ばさらだいみょう》」という存在があったほどです。現代の大人しい日本人とはまったく違う特性を備えていた人々がたくさんいたのです。

「日本文化の真髄は〝侘《わ》び寂《さ》び〟である」という論調にも、僕はくみしません。たとえば、侘び寂びを体現しているといわれる国宝・薬師寺《やくしじ》（奈良県）の東塔《とうとう》ですが、建立当初は現在のような「木のくすんだうす茶色と漆喰《しっくい》の白」という姿ではありませんでした。本来は目にも鮮やかな朱色と緑色を全体に配した、とても派手な建造物だったのです（そうした姿は現在、薬師寺の西塔《さいとう》で再現されています）。当時の日本人は、中国などの先進国と同様にビビッドな朱色と緑色のコントラストをこそ「美しい」と感じていたのです。

しかし、時間の経過とともに塗装が剝《は》げ落ちていき、塗り直すお金がなかったので仕方なく放置しておいたら、いい具合に全体がくすんだ色合いになった。それを見て一部の人々が、「あ、これはこれでアリだな」と思うようになったにすぎません。

日本人をどう定義するか、という議論と同じように、どの時代の日本人の趣味嗜好《しこう》、感性にフォーカスするか次第で、日本人の美意識も大きく変わってくるのです。

現代を生きる僕たちが、「日本人の特性」とか「日本的な価値観」などと評している事柄の大半は、戦後日本の高度成長社会で醸成されたものです。はなはだしきは、「江戸しぐさ」のように、戦後につくられた偽りの伝統すらあるのです（『江戸しぐさの正体』著・原田実、星海社新書）。敗戦から奇跡の高度成長を経て、先進国に数えられるまでになった、という成功体験。それを背景に形づくられたメンタリティや価値観を、「これが日本の伝統」だと思い込んでいるにすぎないのです。

ここで付言しておきますが、僕はけっして日本の長い歴史のなかで育まれてきた伝統や文化を軽んじているわけでも、否定しているわけでもありません。むしろ、自信を持って世界に紹介できる、素晴らしいものが数多いと考えています。

繰り返しになりますが、僕が危惧しているのは、思い込みや固定観念にとらわれて、歴史的な経緯・事実や具体的な数字などに論拠を求めることのないまま、テンプレート的に「日本人とはこういうものだ」「これが日本の伝統だ」などと乱暴に語ってしまうことによる思考停止状態なのです。そして、そうした思考停止に陥らないためにも、歴史や文化に関するリテラシーを磨いていくことがとても重要だと考えています。

そういえば、ある学者が次のように嘆いていました。

「最近の若者は、『日本の伝統を大切にしよう』とか『愛国心を持とう』とか、頼もしいことを言う。ならば、『源氏物語は当然読んでいるよね』と尋ねると下を向いてしまう。そうか、源氏は難しい。しかし『愛国心というからには、北畠親房《きたばたけちかふさ》や本居宣長《もとおりのりなが》は知っているよね』と聞くとさらに下を向いてしまう。

よく聞いてみると、戦後の日本や現代の風潮になんとなく反発して、伝統や愛国心という言葉を弄《もてあそ》んでいるだけで、明治の夏目漱石《そうせき》や森鷗外《おうがい》すら読んでいない。まことに嘆かわしい限りだ」と。

人間は不器用な動物

リテラシーを高めるために不可欠なのは「数字やファクトをベースに自分の頭でしっかりと腹落ちするまで考える」姿勢です。

フランスの哲学者・パスカルは遺稿集『パンセ』のなかで、「人間は考える葦《あし》である」と説きました。「人間は、自然のなかでは最も弱い一本の葦と同じような存在である。しかし、考えることができる葦なのだ」といった意味です。

人間の人間たるゆえんは「考える力」にこそあると、僕も考えます。人間も動物の一種ですが、他の動物と人間の違うところは、考える力を備えているかどうか。つまりは、高度な思考を可能にする優れた脳を持っていることが、人間という動物の特徴だと思います。とはいえ、どんなに高性能な脳を備えていたとしても、それを効果的に使いこなして考える力を存分に発揮するためには、やはり地道な訓練が必要です。

ひとつ、たとえ話をしてみましょう。

スキーというスポーツがあります。ただでさえ滑りやすい雪の斜面を、滑りやすい形状をした板をはいて滑り降りるスポーツです。板にはさらにワックスを塗って、滑りやすさを向上させています。原理原則でいえば〝滑りやすい×滑りやすい×滑りやすい〟という状態ですから、スキーはものすごく簡単に雪面を滑ることができるスポーツだということができます。

ところが実際に滑ってみると、適切な指導を受けて練習しなければ、なかなか上手に滑ることができません。

水泳やゴルフも然《しか》りです。人間には浮力がありますから、大半の人は何もしなくても水に浮きます。水泳はいわば、水に浮かんだところを手足をバタバタさせて前に進むだけのスポーツですから、原理的にはけっして難しいものではありません。ゴルフにしても、地面の上で静止しているボールを棒で叩《たた》いて飛ばすだけのことですから、とくに複雑な動きは要求されていないのです。

それなのに、水泳もゴルフも、ある程度の練習をしないとうまくできるようにはならない。原理的には簡単にできるスポーツでも、それを実践するためには、不断の練習が必要となるのです。

つまり人間は、それほど不器用な動物です。人体のパーツのひとつである脳が、例外的に器用だということはあり得ません。考える力を高めるには、スキーや水泳、ゴルフなどと同じように練習を重ねることが必要なのです。

スポーツのコーチは、まず原理原則を教えたうえで、実際にやってみせてくれます。お手本を示したら、続いて生徒にもやらせて、手取り足取り修正を加えながら形にしていきます。そうしたステップを着実に踏みながらでないと、人間は何かを学び取ることができないのです。

考える力も同じこと。お手本となる思考——優れた脳が展開した深い考え——を真似《まね》しながら、別の言葉でいえば、先人の思考のプロセスを追体験して練習を重ねていかなければ、自分独自の考える力を身に付けることはできません。そのためには、有能な先生に師事して教え諭《さと》してもらったり、偉大な先人たちが残した書物（古典）に数多く触れて先人の思考のプロセスを丁寧になぞったり、他の人と議論を重ねたりしながら、脳に「考える」という負荷をかけ続けることが必要となります。

日本人の「考える力」は世界最低水準

それらを踏まえて、日本人の「考える力」を検討してみると、残念ながら先進国のなかでは低い水準であると言わざるを得ません。少なくとも、OECD（経済協力開発機構）に加盟している35の先進国のなかではかなり低いレベルに近いのではないでしょうか。

ＯＥＣＤのデータによると、２０１４年の日本の大学進学率は49％です。ＯＥＣＤ加盟国の平均値が59％ですから、じつに10ポイントの差があります。他の先進国と比べると、日本は大学に進んで勉強する人が少ない国であるということです。「日本は大学進学率が高い国であり、日本人の知的水準は高い」ということではないのです。

もうひとつ、僕が「日本人は考える力が弱い」と考える理由を挙げましょう。入学後はそれほど勉強しなくても卒業できてしまう日本の大学のシステムも看過することができない要因です。

これは全世界で共通することですが、人がなぜ高等教育を受けるかというと、端的には「いい職場に入りたいから」です。パリ大学など欧州の大学の大半は、原則として入学希望者をすべて受け入れるかわりに、きちんと勉強して一定の成績を収めなければ、容赦なく落第させます。

勉強しなければ卒業できず、どんどん就職が遅れます。勉強をサボったことが明確ですから、留年を繰り返せば、所定の年次で卒業した人より人材としての評価も下がり、自分の入りたい職場に採用してもらえる可能性も低下します。

身の丈に合わないハイレベルな大学に進んでも卒業できないので、カリキュラムに付いていけないような人は入学してこない、と見ることもできます。それが海外の大学の基本的な仕組みです。

加えて、海外では、大学での成績をシビアに見て、採用の可否を判断します。その理由は極めて簡単で、自分が自主的に選んだ大学で慢心することなく勉強に励み、いい成績を残して卒業した人材であれば、希望する職場に入ってからもいいパフォーマンスを残す蓋《がい》然《ぜん》性が高いと判断するからです。大学での成績を見れば、その人材のポテンシャルがわかる、というシンプルな考え方です。

ところが日本では、まだ専門課程も終わっていない3年次から就職活動が始まり、企業は大学での成績をほとんど考慮しません。面接を重視するといえば聞こえはいいのですが、「クラブ活動、サークル活動は何をしていましたか?」とか「アルバイトの経験から学んだことはなんですか?」などを就活生に尋ねて、「協調性」や「コミュニケーション能力」という曖昧なポイントで採用を判断することが少なくありません。

学生もそれがわかっていますから、小手先の面接対策に取り組むことはあっても、大学で必死に勉強しようという発想には、なかなかなりません。勉強しなければ脳は鍛えられませんから、日本人の「考える力」はいつまで経っても向上しないのです。

とてもおもしろいデータがあります。新聞・雑誌に対する信頼度が、わが国では約70％と、先進国のなかでは突出して高いのです。これに対して、英国や米国では20％前後にすぎません。英米では、自分の頭で考え腹落ちしたことと、マスメディアの記事が異なっていたら、その記事は端《はな》から信じないということなのでしょう。

一方、わが国では、著名な大学の教授などといった肩書きを見て、その記事を信じてしまう人が多いということです。これは第2章で詳しく説明しますが、世界ではごく当たり前の「自分の頭で考え、自分の言葉で自分の意見を述べる」ことが、日本人はいかに苦手なのかと、つくづく考えさせられてしまいます。

メディアの検証する力が弱くなっている

僕は、新聞を3紙購読しています。具体的には、読売、朝日、日経を、毎朝1時間くらいかけて目を通します。

すべての見出しをチェックして、気になった記事については詳しく読むのですが、見出しの大きさや掲載されているスペースを確認すると、いま世の中でどのようなことが起きていて、それはどのくらい注目されているのかが大まかに理解できます。つまり新聞の特徴は「一覧性」にあるのです。

それを3紙で比較するので、その新聞が何を重要視していて、どのような主義主張を展開したいのかもおおまかに把握できます。

先ほど、新聞の購読に1時間くらいかけるといいましたが、最近は30分程度で済んでしまう日が多くなってきました。それは、「これは参考になる」「これはしっかり読んでおこう」と思えるような記事が、総じて少なくなっているということです。

基本的に新聞は数字（データ）やファクト（事実）に基づいたロジック（論理、論法）を伝えるメディアのはずですが、数字やファクト、ロジックよりも、感覚に引っ張られてしまったような記事が増えているように思います。ときには、イデオロギー的なバイアスがかかっていると感じられる記事すらあります。

たとえば、安全保障関連法案に関する記事では次のようなことがありました。

２０１５年8月30日、安保法案に反対する人々が国会議事堂周辺で大規模な集会を実施し、新聞各紙が取り上げていたのですが、ほとんどの新聞は、主催者発表の参加者は12万人、警察発表の参加者数３万３０００人、という情報をそのまま報じていました。僕はその差のあまりの大きさに、違和感を覚えました。

主催者発表が５万人、警察発表が３万人なら、まだしも理解ができます。しかし、12万人と３万３０００人とでは、もはや誤差の範囲を超えています。いったい、どちらが正しいのか、どんな数え方をしたのか、僕は気になって仕方がありませんでした。もし僕が新聞記者だったら、双方の数字を並べて掲載する前に、その根拠をたずねて検証しようとするでしょう。しかし、各紙の記事からは、検証する糸口さえ見つかりませんでした。

そんななか、ＳＮＳ（ソーシャル・ネットワーキング・サービス）でたいへん興味深い書き込みを見つけました。「参加者は6万~7万人程度だったのではないか」というのです。

その人が根拠にしたのは、地下鉄の乗降客数です。デモ当日の国会議事堂周辺は交通規制が厳しく、バスやタクシー、マイカーで来た人はそんなに多くないだろうと仮定したうえで、国会議事堂周辺の地下鉄各駅の乗降客数に注目しました。地下鉄各駅の乗降客数は公表されていますから、まず直近半年平均の乗降客数を割り出し、デモ当日の乗降客数と比較して、その差を「デモに参加した人の数」と推測し、「6万~7万人程度」という数字を導き出したのです。

僕はとてもおもしろいと感じました。この数字をそのまま「これが実数だ」と受け入れるつもりはありませんが、ひとつの仮説として理に適《かな》っていますし、参考値としては十分役に立つ指標になるでしょう。そして、僕が何より感心したのは、この手法で数字を弾《はじ》き出してみようとした人の柔軟な「考える力」です。これは本来、メディアがやるべきことではないのでしょうか。

同様の例は、2015年5月17日、大阪都構想が住民投票で否決された際の報道でも見られました。大阪都構想は、現在の大阪市を解体・再編し、特別区の権限を強めると同時に、インフラの整備などを大阪府に移管して、府と市の「二重行政」を解消することなどを目的としたものでしたが、結果は僅差で「現状維持派」が勝ちました。

報道では、あるメディアが出口調査を実施したところ、20代~60代は「賛成」に投じた人が多かったのに、70代以上では「反対」に投じた人が圧倒的に多かったので都構想は否決された、と言っていたのです。

大阪市には70歳以上の高齢者を対象に、バスや地下鉄などの市営交通機関を小さい負担で利用できる「敬老パス」制度があります。大阪市が廃止されて大阪都ができると、敬老パスがどうなるか、わかりません。そこで、「70歳以上の高齢者は、敬老パスを奪われるのがイヤだったから反対したのだ」（なおこれに対して、都構想は敬老パス以上の夢を与えることができなかっただけのことだという至極真っ当な反論もありました）、「このままでは、わがままな老人のせいで世の中がおかしくなってしまう」といった理屈で、「悪しきシルバー民主主義」を象徴する出来事として報じていたのです。

この報道を見て、僕は直感的に「おかしい！」と思いました。

投票者を20代、30代、40代、50代、60代、70代以上と6分割して、全体の6分の5が賛成しているのに、6分の1が反対しただけで、結果がひっくり返るわけがないということは感覚的にわかります。これもSNSを見ていると、ある人が大阪市の年代別人口と投票率をベースに、仮に「70歳以上」以外の各世代で51％が賛成に投じていたとすれば、どう計算しても賛成票が全体の過半数となってしまう、ということを試算して公表していました。

おそらく出口調査が間違えていたのです。しかし、これも本来は新聞やテレビなどのメディアがしっかり実証すべき類《たぐ》いの話だと思います。

このように、報道をけっして鵜呑《うの》みにせず、ちょっとした違和感を見過ごすことなく、自分のアタマで考えてみる姿勢は、とても大切だと思います。

新聞の話題に戻すと、まずすべての記事を署名付きにするべきだと思います。ペンネームでも構わないので、誰が書いた記事なのかをわかるようにする。それだけで、全体として整合性のとれない記事はだいぶ減るでしょう。そして、記事の最後には内容に応じてOECDなどの統計から関連する数字を明記してはどうでしょうか。信頼に足る数字が最後に添えられていたら、その記事の内容が数字やファクトに基づいているか、論理的に構成されているか、読者もすぐに判断ができます。

2016年の秋にはアメリカで大統領選挙が行われましたが、クリントン、トランプ、両候補がテレビ討論をした翌日には、両候補の話した内容について新聞がかなり詳しくファクトファインディング（事実確認）を行っていました。わが国でも、首相や野党党首の発言についても、同様にファクトファインディングがなされて然るべきではないでしょうか。

もっともその前に、自分の書いた記事の内容が数字・ファクト・ロジックに基づいているかどうか、記者自身が徹底的に検証してほしいと思います。

「日本礼賛ブーム」とは何か

近年、声高に「日本は素晴らしい国」「外国人はみんな日本に憧れている」「彼《か》の国には悪いところがたくさんあるが、わが日本にはこんなにたくさん良いところがある」と主張し、ことさらに愛国心を煽《あお》り立てるような日本礼賛の言説を目にすることが多くなりました。ウェブサイトやSNSをチェックすると、そうした書き込みがたくさん見つかりますし、関連書籍も数多く刊行されていて、なかにはかなり話題になっているものもあります。

しかしよく考えてみれば、たとえば学校のクラスで「僕はみんなに好かれているが、A君はこんなに嫌われている」と主張するような生徒が、クラスのみんな（世界）から称賛を集めることができるでしょうか。

日本は素晴らしい国、という意見に異論はありません。僕もそう思います。日本が大好きです。しかし、同時に日本が多くの問題を抱えているのもまた事実であって、未来の日本を担う子どもたちに、より良い社会を継承するためには、乗り越えなければならない課題も山積していると考えています。

良い点は良い点として、悪い点は悪い点として、数字・ファクト・ロジックに基づく冷静な視点から、是々非々で物事を見ていく姿勢は、これからの日本を考えるうえでも極めて重要です。そう思って僕は『日本の未来を考えよう』（クロスメディア・パブリッシング／2015年）というデータブックのような本も出しました。少なくとも、他国を批判することで日本の立場を上に見たり、感情論でやみくもに日本をほめそやしたりするような姿勢からは、建設的な議論は生まれてこないと思います。

「ナショナリズムとは、劣等感と不義の関係を結んだ祖国愛である」――これはアメリカの歴史学者ジョン・ルカーチが『歴史学の将来』（監修・近藤和彦、みすず書房）で取り上げている、ある連合王国（イギリス）の外交官の箴言《しんげん》です。いまの日本にはびこっている日本礼賛ブームの背景にあるのは、まさにこのようなメンタリティであると感じています。

なお本書では、いわゆるイギリスを「連合王国」と書きます。イギリスの正式国名は

「グレートブリテン及び北アイルランド連合王国」であり、正しく呼ぶことが思考の第一歩だと思うからです。同じ理由から、オランダは「ネーデルラント」と記します。イギリスもオランダも、それぞれの国の一地方にすぎません。

さて、ここで簡単に戦後史を振り返ってみましょう。第2次世界大戦に敗れた戦後日本のグランドデザインは何かといえば、開国と富国による復興です。

明治以降、日本は開国・富国・強兵路線を加速させて成長しました。つまり、国を開き産業を発展させて国を豊かにし、強い軍隊を擁して欧米列強と渡り合う、という路線を選んだのです。その路線は、ある程度まではうまくいったと思いますが、最終的には開国に背を向け、世界から孤立して軍部の暴走を招き、超大国であるアメリカに無謀にも戦争を仕掛けて大敗。敗戦国・日本はまったくの焼け野原からスタートをすることになりました。そこで採用されたのが、強兵を捨て、開国・富国路線でいくというグランドデザイン。その先兵となったのは製造業（工場モデル）です。

朝鮮戦争（1950年6月～1953年7月休戦）勃発にともなう特需などを足がかりにして日本は高度成長時代を迎え、1955年（いわゆる神武景気の始まり）からバブルのピークであった1990年までの35年間、実質経済成長率はじつに年平均で約7％に達していました。

この間、1968年にはGNP（国民総生産）が当時の西ドイツを抜いて世界第2位となり、日本はアメリカに次ぐ経済大国となります。また、1979年には、アメリカの社会学者エズラ・ヴォーゲルが日本経済の強さの秘密を考察した『ジャパン・アズ・ナンバーワン』を上梓。日本語版（TBSブリタニカ）も刊行され、大ベストセラーになりました。敗戦国・日本の再起と経済成長は世界中から評価され、高い関心が寄せられたのです。

開国・富国路線による自立、という戦後日本が目指した夢が果たされ、日本人はようやくプライドとアイデンティティを取り戻すことができました。これは大きな成功体験だったといえます。「政治は三流だけれど経済は一流だ」と述べた財界首脳がいたことが象徴的でした。

その後、1980年代中盤からは平成景気に突入しますが、株価の大暴落とともにバブルがはじけ、90年代以降、日本経済は冬の時代を迎えます。一方で、中国経済が台頭し、ついに2010年には名目GDP（国内総生産）で中国に逆転され、日本は世界3位に転落してしまいます。

時期を違わずして、自動車産業と並んで日本が誇りとしていた電機・電子産業は曲がり角を迎えます。大手９社――日立製作所、東芝、三菱電機、パナソニック、ソニー、シャープ、日本電気（ＮＥＣ）、富士通、三洋電機（２０１１年、パナソニックの完全子会社になりＳＡＮＹＯブランドは消滅）――の２００９年度の営業利益の合計は、韓国のサムスン電子１社に敵わない状況になってしまったのです。

こうしたなか、日本人のあいだで沸々とたぎり始めてきたのが、自慢の経済で後れをとったという劣等感ではなかったでしょうか。

〝攻撃〟は劣等感の裏返し

そもそも愛国心、愛郷心とはどのような感情でしょうか。

僕が生まれたのは、三重県の美杉《みすぎ》村下多気《しもたげ》というところ。現在は津市に併合されていますが、いまでも美しい山や川が残っている、とても素敵な土地です。２０１６年5月、三重県で伊勢志摩サミット（第42回先進国首脳会議）が開催されました。自分の地元でサミットが催される——そう聞いて、サミットにはなんの関係もない僕も、なんだかうれしく、誇らしく感じました。また、美杉村には雲出川《くもず》というきれいな川が流れているのですが、三重県に帰って近鉄電車で雲出川にかかる鉄橋を渡るとき、車窓からキラキラと輝く川面《かわも》を眺めると、本当に心が和みます。「ああ、今日も水がきれいでよかった」としみじみ思うのです。

これこそが、愛国心、愛郷心の本質です。たとえ遠く離れて暮らしていても、やはり自分が生まれ育った土地は特別なところであり、いつまでも美しく、誇らしい場所であってほしいもの。同じように、自分を育んでくれた日本という国も、いつまでも変わらず素晴らしい国であってほしいと、誰しもが思っているでしょう。

このように愛国心は、本来故郷を「守りたい」という防御的な面を色濃く持っています。それが戦後日本のアイデンティティの根源であった経済で先を越されたと感じたとき、愛国心がその劣等感と絡まり合って、対外攻撃的なナショナリズムへと変貌していくのです。中国や韓国をヘイト（蔑視）する論調、「嫌中」「嫌韓」などという価値観はその典型といえるでしょう。

日本礼賛本は、愛国心が劣等感と不義の関係を結び、攻撃的なナショナリズムが台頭し始めると非常によく売れるようになりました。

「日本は世界中の人々からこんなに好かれているが、中国、韓国はこんなに嫌われている」といった主張を声高に唱える人はもちろんですが、その片棒を担いでいる出版関係者にもかなり問題があるのではないでしょうか。

仮に日本礼賛本の英語版が出版されたとき、自分はこんなに好かれているが隣国はこんなに嫌われている、と主張する日本が、逆に世界中の笑いものになる可能性はないのでしょうか。どうも外国人には読みこなすのが難しい日本語を隠れ簑《みの》にしているだけのような気がしてなりません。

そういえば、長期滞在している在日外国人のあいだでは、「日本礼賛本を書くとちょっとした小遣い稼ぎになるよ」という冗談がはやっていると聞いたことがあります。

長時間、労働したのに……

日本の労働環境についても、考えなければならない問題が山積しています。

いちばんの問題は長時間労働。さまざまなデータから明らかなのですが、日本の正社員は年間2000時間以上働いています。この数字は90年代前半からこの四半世紀、ほとんど変わっていません。

たとえば、厚生労働省が公表している「毎月勤労統計調査」の「2015年分結果確報」を見ると、事業所規模5人以上の勤務先で働く「一般労働者」(正社員)の月間平均労働時間は168・8時間、「パートタイム労働者」は同じく89・0時間です。この数字に12を掛けて年間の労働時間を算出してみると、正社員はおよそ2026時間、パートタイマーは1068時間になります。

2000時間も働けば、夏休みは長めに取れてもせいぜい1週間程度でしょう。それが限界です。

では、ここでもうひとつの指標に目を向けてみましょう。2000時間も働いた結果、経済はどれほど成長したか。つまり年間の実質GDP成長率です。OECDのデータによれば、2015年、日本のGDP成長率は0・57%でした。この数字を少し遡《さかのぼ》って見てみると、2014年はマイナス0・03%、2013年は1・36%、直近3年間の平均は

0・6%という動きになります。アベノミクスの影響で日本経済は好調だ、などと見る向きもありますが、この数字を見る限りでは、けっしてそのように楽観はできないでしょう。ちなみに同じデータによると、2015年のアメリカの成長率は2・43%、ユーロ圏は1・57%という数字があがっています。

先進国では出生率が下がり、少子高齢化が進むのが一般的ですが、アメリカは先進国のなかで唯一、人口が増え続けている国なので（石油の産出量も世界一です）、比較するにはあまり適当ではありません。ここでは人口や国土面積が似通ったユーロ圏と比べてみましょう。

日本では、年間2000時間以上働いてGDP成長率が0・6%程度なのに対して、ユーロ圏では、年間の労働時間が1500〜1700時間ほどでGDP成長率は1・6%程度。ヨーロッパでは休暇をしっかり取るので、1ヵ月ほどゆっくり夏のバカンスを楽しむ、というケースも珍しくありません。

仕事の内容はほぼ同じで、働く国を自由に選べるとしたら、あなたは日本とヨーロッパのどちらで働きたいですか？　聞くまでもないですね。これが、じつは働き方改革問題の本質なのです。

“付き合い残業”の罪

ある出版社にAとBという編集者がいます。Aは朝8時に出社し、夜の10時まで働く。しかしAのつくった本は返品の山でまったく売れません。Bは朝10時ごろ出社、すぐに喫茶店に行って誰かと話をしています。夜は6時になると飲みに出かけてしまいます。しかしBのつくる本はとてもよく売れる。年に2~3冊はベストセラーになります。

あなたがその出版社の経営者なら、どちらを評価しますか？　Bだという人がほとんどでしょう。

ここでちょっと考えてみてください。出版社ではなく電機製品の製造工場だったらどうでしょう。Aの前の生産ラインは、朝8時から夜10時まで製品が流れ続けます。Bの前の生産ラインは、朝10時から夜6時までしか製品が流れません。しかもBが喫茶店に行くたびに生産ラインが止まってしまいます。要するに製造業（工場）中心のモデルと、サービス産業（第3次産業）中心のモデルとでは、要求される働き方（つまり労働の質）が異なるのです。

工場モデルでは、素直で協調性が高く、黙々と長時間労働に耐える労働者が求められます。一方、サービス産業では、労働時間の多寡ではなく、独創的なセンスやアイデアに基づく成果が問われることになるのです。

この問題を、もう少し詳しく論じてみましょう。

戦後の高度成長時代、前述したように、日本の実質GDP成長率は約7％という高水準で推移しました。

1960年に発足した池田勇人《はやと》内閣は「所得倍増計画」という長期経済計画を策定しましたが、7％成長なら10年間で所得が倍になります。いわゆる「72のルール」（72÷利率または成長率＝元本が倍になる年数）を想起すればよくわかると思います。戦後の高度成長時代は10年で所得が倍になる時代が30～40年間も続いたのです。それなら、2000時間労働も捨てたものではありません。

この高度成長時代を現出させたのは、「冷戦」、「人口の増加」、「製造業が牽引《けんいん》する開国・富国モデル（アメリカに追いつき追い越そうとするキャッチアップモデル）」の3条件でした。しかし、現在の日本では、この3条件がすべて消失してしまっているのです。冷戦は終結し、人口は減少に転じ、工場モデルは、サービス産業モデルにとって代《か》わられました。それなのに、なぜ日本では長時間労働が続けられているのでしょうか。日本社会を巡る外的環境や経済の枠組みが高度成長のころとは大きく様変わりをしているというのに、なぜ人々の働き方はあまり変わっていないのでしょうか。

その原因は、経営幹部が高齢化して、現在の日本社会を牛耳っている幹部クラスの人々が、過去の成功体験を捨てられずに、従来の働き方を労働者に求めているからではないでしょうか。「自分たちはこのやり方で成功してきたのだから、おまえたちも同じようにすればうまくいくのだ」と、根拠なき精神論をふりかざしているのです。

「自分たちは徹夜も辞さず、休日返上で働き続けた。それに比べたら、いまは楽なものだ」などと発言をする人もいるようですが、現代の若いビジネスパーソンにしてみると、「いったい何を言っているんだ。昔はその分、いい給料をもらっていたのでしょう？」と苛立《いらだ》ちしか覚えないはずです。

データの上でも、日本社会における経営者の高齢化は留《とど》まるところを知りません。帝国データバンクが発表した「2016年全国社長分析」によると、2015年の時点で社長の平均年齢は、過去最高の59・2歳になったそうです（日本に存在する株式会社、有限会社114万9108社のデータを分析）。参考までに過去の調査結果をいくつか列記しておくと、1990年は54・0歳、2000年は56・6歳、2010年は58・4歳となっています。

もちろん、高齢であっても勉強を怠ることなく時代にキャッチアップし、現状を正しく把握して、合理的なマネジメントができる人物はたくさんいると思います。原則論としては年齢フリーで考えるべきであることはいうまでもありません。しかし、経営者にしろ、政治家にしろ、過去の成功体験に固執するばかりで、自分のやり方や考え方を変えることができないような人には、やはり退場を願うしかありません。成功が往々にして失敗の母となることは歴史が教えるとおりです。

日本の長時間労働がとくに問題なのは、長い時間、職場にいることありき（それが、ロイヤリティが高い証拠と見なされる）で生産性向上にはほとんど寄与しない、〝付き合い残業〟になってしまっているケースが多々見られるからです。

「定時に帰ろうとすると、上司から冷ややかな視線が送られる」「遅くまで職場に残っていると、上司から『お、頑張っているな』とほめられ、評価が上がる」「定時退社した部下の姿が見えないことに気づいた上司が、『なんだアイツ、もう帰ったのか』と呆れていた。そういう姿を見てしまうと、上司より先に帰れなくなってしまう」といった声は、けっして少なくありません。

「どうせ残業することになるのだから、就業時間内で片付けられるような業務でも、ダラダラとこなして間を持たせる」などという話を聞くと、本当に情けなくなります。

日本の大企業では、入社当時は元気で聡明な社員だったのに、10年後にはただの中年になってしまった、というケースもよく見られます。どんなにバイタリティに溢《あふ》れた社員でも、残業に次ぐ残業で消耗し、勉強したり、リフレッシュしたりする時間がなかなか持てないと、誰でも磨《す》り減ってしまうのです。

残業より合コン

じつのところ、こうした日本の労働慣行のほとんどが「1940年体制」とも呼ばれる第2次世界大戦中に確立された仕組みの影響を受けています。経済学者である野口悠紀雄《ゆきお》さんの名著『1940年体制』（東洋経済新報社）で詳解されたこの体制は、当時繰り広げられていた日中戦争や来《きた》るべきアメリカとの戦いを踏まえて、効率的に総力戦を遂行するべく、政治や経済、社会制度を改め、日本型の国家社会主義（ファシズムの一種）の国へと改造するための試みでした。

官僚主導による社会や経済のコントロール、終身雇用、年功序列、定年制、企業別労働組合などの企業制度――戦後の高度成長を支えたこうした仕組みの数々は、１９４０年体制から継承されたものなのです。

この体制はしかし、皮肉なことに戦時中はそれほど有効には機能しませんでした。むしろ戦後の復興期にその力を発揮したのです。すなわち、キャッチアップモデルの下、組織が一枚岩となって、困難を乗り切ることに一定の効果を発揮しました。しかし別の角度から見れば、この仕組みは軍隊的な上意下達システムにより組織が統制されるので、部下の忠誠心や滅私奉公的な姿勢が試される状況に陥りやすいのです。いずれにせよ、いまとなっては古色蒼然《こしょくそうぜん》とした仕組みといわざるを得ません。

日本の労働環境に根深く残っている「長時間働く人は立派だ」「長時間労働でもへこたれないヤツは根性がある」といった根拠なき精神論は、日本のビジネスパーソンに〝業《ごう》〟

のごとく重くのしかかっています。

この状況から脱却するにはどうしたらいいでしょう。僕は、仕組みそのものを大きくつくりかえてしまうのが、解決の早道だと考えます。

EUでは「勤務間インターバル規制」というルールが導入されています。「24時間につき、最低連続11時間の休息時間」を置くことが義務付けされているのです。たとえば、ある社員が残業して23時まで働いたとしましょう。そこから最低でも11時間のインターバルを置かなければならないので、翌日は10時以降にならないと出社することができません。その会社の始業定時が9時だったとしても、10時まで1時間分の賃金は保証される、という仕組みです。

日本では、徹夜で仕事をして始発で帰宅し、2時間ほど仮眠を取ったら、また9時に出社……などという荒行のような働き方がまかりとおっていましたが、不健康であることこの上ありません。そんな状態で出社したとしても、まともに頭は働かず、「ただ職場にいる」というだけで生産性など向上するはずがありません。

労働時間の規定は、なんのためにあるのでしょうか。それは、いい仕事をするためです。

いたずらに時間を重ねて、長く会社にいることが目的ではありません。定められた就業時間のなかで効率的に働き、成果をあげればいいのです。

「そんな働き方では、日本経済が立ちゆかなくなる」という人もいますが、「日本とユーロ圏の労働時間とGDP成長率を比較してみてください。なぜ短時間労働のユーロ圏のほうが成長率が高いのですか？」と問い返してみるべきです。

より抜本的な改善をはかるのであれば、経営者を除くすべての従業員の残業を原則として廃止してしまえばいい。できれば、中央官庁や経団連に名を連ねるような大企業が率先して残業禁止を導入してほしいものです。そうすれば、それにならって、中小企業でも残業禁止の機運が高まり、日本の労働環境は大きく変わることでしょう。インターバル規制とセットで、残業上限規制を導入する時期に来ていると思います。

「残業代をなくしたら、収入が大幅に目減りする」という人がいますが、ワンセットで給与体系そのものを変えれば、過度に心配する必要はないでしょう。「残業代」のような時間給の考え方から脱却し、同一労働・同一賃金の理念のもとで、「年俸制」あるいは「基本給プラス成果給」にシフトしていくべきだと考えます。

長時間労働がなくなれば、「人・本・旅」（たくさんの人に会い、たくさん本を読み、いろいろなところに出かけていく）で勉強する時間が確保でき、優秀な人材の損耗《そんもう》が抑えられるだけではなく、少子化対策や子育てにも好影響が見込まれます。余暇の時間が確保できるようになれば、若い男女がグループで飲食――ありていにいえば合コンです――を楽しんだり、カップルがデートしたりする時間も増えるはずです。副業を行って、自分の適職探しをすることも可能となります。

また、男性が早く帰宅するようになれば、父親として子育てに関与できる時間も増えますから女性の負担が減り、「ウチも子どもをつくろうか」「もうひとり、子どもがいてもいいね」と考える余裕も生まれてくるのではないでしょうか。

長時間労働は、かように罪深い仕組みであり、労働環境だけでなく日本社会そのものの在り方にすら関わってくる、極めて重要な課題でもあるのです。

アメリカに追いつき追いこせ

先ほど、戦後の日本は開国・富国路線による復興をグランドデザインとした、と述べました。このグランドデザインを描いたのは、おそらく〝戦後を創った〟人物とも呼ばれた、当時の首相・吉田茂です。

吉田をはじめ、戦後の日本の上層部が、なぜ開国・富国——つまりは経済成長一本による復興へと舵《かじ》を切ることができたのか。それは、敗戦の大きな理由が、開国を否定して世界に背を向けたことと、アメリカとの圧倒的な工業力、生産力の格差であることを認識していたからです。だからこそ、開国(世界と協調)してアメリカをお手本に工業力を高め、輸出産業を活性化し、国力を向上させていこうと考えたのでしょう。そしてもちろん、戦前の日本が猛進した「国際協調を否定した富国強兵路線」の失敗も大きな反省点としてありました。

では、戦前のわが国のグランドデザインは、どのような経緯で採択されたのでしょうか。多くの人は、大久保利通《としみち》や伊藤博文といった初期の明治政府で中核を担った人々がグランドデザインを描いた、と捉えているかもしれません。明治政府で要職に就いた人たちの多くは、維新の志士として活躍した元薩摩藩、元長州藩出身の武士たちですから、「明治維新を成し遂げた薩長の人々が、欧米列強に立ち向かうために開国・富国・強兵路線を選択したのだ」というわけです。

しかしこれは、史実ではありません。

じつは、開国・富国・強兵というグランドデザインを最初に唱えたのは、薩長の志士たちではなく、阿部正弘や井伊直弼《なおすけ》といった江戸末期の幕閣たちでした。彼らは「徳川幕府が一貫して採り続けてきた鎖国政策のせいで、日本は欧米列強から後れをとり、国力が低下してしまったのだ」と見抜いていたのです。アヘン戦争の結末が彼らを覚醒させました。清《しん》（中国）のように半ば外国の植民地にされたり、資源を搾取されたりしないためにも、早く開国をして、富国強兵を推進しなければならない——。このような考え方は、もともと幕府のなかで提唱されたものでした。

これに対して薩長が唱えていたのは尊皇攘夷《じょうい》です。ここでいう尊皇とは要するに「幕府より天皇を尊重して、日本古来から続いてきた天皇中心の国家体制にしよう（つまり徳川幕府を倒そう）」ということ。攘夷とは「外国人を力で排除してしまおう」という意味です。つまり「鎖国をもっと強化して、外国人を入れないようにしよう」ということでした。

じつは、薩長より幕府の考え方のほうがはるかに先進的だったのですね。

外から干渉してくる外国人は殺してしまえ、という攘夷の考え方は、中国の清朝末期に起こった「義和団」――「義和団の乱」の中心となった、排外運動を進めていた秘密結社――や、最近の「IS（自称「イスラム国」）」とほとんど同じです。極めて過激で、危険な考え方といえます。

薩長は血気盛んで行動力にも溢れていたので、幕府の意向など意に介さず、独自に攘夷を決行し、外国と戦争を起こしてしまいます。それが薩英戦争（薩摩藩と大英帝国とのあいだで起こった）、下関戦争（長州藩と大英帝国、アメリカ、フランス、ネーデルラント［オランダ］連合軍とのあいだで起こった）で、どちらの戦いも外国から完膚なきまでに叩きのめされたわけです。

それでも表向きは「尊皇攘夷！」と叫び続けるのですが、内心では「攘夷は無理だ」と気づきました。そこで薩長は上手に攘夷の旗を降ろして、尊皇を残したまま、幕府の開国・富国・強兵路線をシレッと採り入れてしまったのです。ここに明治維新の幸運がありました。完全なる宗旨変えながら、「尊皇ですよ。理念は変わっていませんよ」と誤魔化《ごまか》したのです。

そして、大久保利通という優秀なグランドデザイナーが、京都の御所で静かに暮らしてきた天皇を担ぎ出し、「開国だ！　富国強兵だ！」という流れへと巧みに誘導しながら、明治維新を成し遂げてしまいました。

その後の日本は、第1次世界大戦ごろまでは、大筋において開国・富国・強兵路線を歩み続けますが、満洲や中国への進出とあいまって国際協調（開国）に背を向け、世界の孤児となっていきます。その結果が第2次世界大戦での敗北でした。吉田茂が「もう孤立・強兵はこりごりだ」と思っても無理はありません。日本は一面の焼け野原になり、敗戦国として、実質的にはアメリカの支配下に置かれましたから、強兵を選択する権利も経済的余裕もありませんでした。

目の前には、資本主義社会の盟主たるアメリカがいたので、それをお手本に開国して、工業国、輸出国としての復興を目指した戦後の日本。これはすなわち「フロントランナー（先進国）に経済で追いつき、追いこせ」というキャッチアップモデルによるグランドデザインと捉えることができます。

たとえるなら、目の前にアメリカという山が見えている状態です。その山を支えていたのは、ゼネラル・エレクトリック（GE）やゼネラルモーターズ（GM）といった大企業だったので、彼らのやり方を参考にしながら工業を発展させ、商品を輸出して世界市場で勝ち残っていこう、というミッションも明確でした。つまり、日本の戦後復興は「ルートが目の前に一本道でハッキリと見えていた状態で臨む登山」だったわけです。

ルートは見えていますから、頭を使う必要はありません。目の前にある登山道を愚直に登りさえすればいい。裏道はないかなど余計なことを考えると、かえって遠回りになる可能性すらあります。必要なのは、何時間でも登り続ける体力と、ツアーコンダクターたる官僚の旗振りに従う素直さ。もうおわかりですね。これが長時間労働を生んだのです。

しかも、工場モデルですから、筋力の強い男性のほうが登山には向いている。男性が長時間労働すれば、自《おの》ずと「メシ、風呂、寝る」の生活になります。そうすると、性分業を採用して専業主婦をつくったほうが社会全体としては効率が良くなる。そこで、配偶者控除や（年金の）第3号被保険者などの「アメ」が与えられたというわけです。

大学進学率が上がらなくても（前述のとおり、日本の大学進学率は、いまでも先進国＝OECD平均に比べるとかなり低いのですが）、大学生が勉強しなくてもほとんど問題にはなりませんでした。ヘタに頭を使って「登る山は本当に〝アメリカ〟でいいのか？」「もっと楽な裏道があるかもしれない」などと考えてしまうと、それだけ時間が無駄になります。「考える力など、それほど必要ではない。とにかく黙々と一所懸命働け！　そうすれば経済は成長し、給料は上がるぞ」というシステムです。

日本人の「考える力」が弱いのは、キャッチアップモデルによる戦後経済の価値観がそのまま続いていることも一因ではないでしょうか。

風俗産業の存在理由

前々項で、長時間労働がなくなれば、合コンで男女が交流したり、カップルがデートを楽しんだりする機会が増えるはず、また男性が早く帰宅するようになれば、少子化や子育てにまつわる諸問題も解消されるだろうと述べました。

世の中には男と女しかいないのですから、時間ができれば「恋人をつくろう」と積極的に考える人も増えることでしょう。少なくとも、合コンや趣味の集まりに参加する余裕も生まれますから、自分の立ち回り方ひとつで出会いの場はいまよりも多くなるはずです。

カップルで生活していれば、家で待っているのが家事や育児、介護に疲れ切った不機嫌なパートナーとすでに寝入ってしまった子どもではなく、機嫌良く迎えてくれるパートナーと、一緒に遊ぶ時間を楽しみにしている子どもだと思えば、帰路の足取りも軽くなります。また、共働きのカップルであれば、長時間労働でお互いに疲れ切り、すれ違いで会話もなくなる……という悪循環も解消されるに違いありません。

長時間労働がなくなることによる影響は思わぬところにも生じるはずです。僕は、ガールズバーやスナック、クラブなど女性による接待を主とした風俗産業の需要が低下し、淘《とう》汰《た》されてしまうだろうと予想しています。先進国には日本のように、大勢の女性が働いている風俗産業はありません。なぜなら、そうした飲食店は、長時間労働で疲れ切った男性のガス抜き装置として発展してきたからです。残業で遅くなったので、女性がいる飲み屋で手っ取り早く息抜きでもするか、といった調子です。

みんなが18時ごろに退社するようになれば、カップルや男女のグループで楽しめるレストランやバー、劇場やアミューズメント施設の需要が高まるはずです。また、家族で食事できるような飲食店も増えることでしょう。つまり風俗産業の存在理由（レゾンデートル）

は、性分業の下での男性の長時間労働という悪しき労働慣行に、おおもとがあるのです。

大多数を長期間騙すことはできない

昨今、保育所の待機児童問題が大きく取り上げられています。

働く女性が増えているのに、保育所の数が圧倒的に足りず、子どもを預けたくてもなかなか預けられないのが現実です。遠く離れた保育所にしか入ることができず、送り迎えが大きな負担になったり、コストのかかる民間業者のベビーシッターサービスを利用するしかなかったりと、仕事を続けている両親はさまざまな負担や不利益を強いられているという現実があります。

そのような状況がメディアで大きく報じられているにもかかわらず、一方でよく耳にするのが、保育所の建設に反対する周辺住民の声。待機児童問題を少しでも解消しようと、保育所の新設工事や拡張・移転工事を計画している自治体は少なくありませんが、周辺住民の反対に遭い、計画の見直しや工事の中止を余儀なくされる事例があとを絶ちません。

少子化は日本の最重要課題のひとつです。安心して子どもを産み育てることができる環境の整備は、喫緊の要事といえます。その一環として、保育所の拡充が可及的速やかに取り組むべきミッションであることは、いまさら説明する必要もないでしょう。

わが国がそのような状況に置かれていることがわかっているのに、それでも保育所の建設に反対するような住民は、おかしいというほかないと、僕は思います。反対する人は、「子どもが泣いたり騒いだりする声が聞こえると、落ち着かない」「閑静な住宅街だからここに居を構えたのに、これではおちおち昼寝もできない」「工事車両が邪魔。騒音なんてもってのほか」「送り迎えの自転車が迷惑」「子どもが急に飛び出してきたら危ない」などなど、反対する理由を挙げ連ねたりしますが、単なるわがままや難癖としか思えないような発言も少なくありません。泣く子どもを「うるさい」と指弾し、親に「すみません」と謝らせるような社会は、ホモサピエンスの歴史から見て、どう考えても不健全であるとしかいいようがありません。

古今東西、いつの時代でも、どのような地域でも、子どもは騒がしくて泣くのが当たり前です。もし僕が自治体のトップだったら、反対住民に対して「泣くのが子どもの仕事です。うるさいと思うのなら、家に二重窓を付けるなり、ご自分の裁量で対策を講じてください」と伝えます。少なくとも、近隣住民の文句に対応するために、税金を使って保育所を二重窓にするとか、庭で遊ばせないようにすることなどは、まったくナンセンスだと思います。

もちろん、丁寧な議論は不可欠です。「工事のあいだ、できるだけ騒音対策を講じます」「自転車は決められた場所に駐《と》めるよう徹底します」など、自治体と近隣住人のあいだで十分な話し合いの場を設けて、ルールは擦り合わせておくべきでしょう。しかし、「保育所は大事だとは思うが、ウチの近所にはつくるな」という身勝手な住民には、毅然《きぜん》とした態度で突っぱねる覚悟が、自治体には求められているのではないでしょうか。

結局、こうした議論も、最終的にはリテラシーの問題だと思います。現在の状況下で何が正論なのか、それに気づく才覚も、リテラシーといえます。正論に勝る論議はありません。どんなにそれらしく理論武装したとしても、そこにねじ曲がった論理や欺瞞《ぎまん》が隠されていたなら、いつか必ず破綻します。これに対して、数字・ファクト・ロジックできちんと積み上げられた正論であれば、たとえいまは理解してくれる人が少ないとしても、いずれ必ずその正当性に気づく人が現れ、やがて多くの人が賛同するようになります。それこそ、民主主義の根幹を成す考え方なのです。

少数の人を長期間騙《だま》すことはできます。たとえば、カルト集団がそうですね。大多数の人を短期間、騙すこともできます。ナチスのような全体主義国家、独裁国家が歴史上、一時的に存在していました。

しかし、大多数の人を長期間騙すことはできません。必ず、その欺瞞《ぎまん》に気づく人が出てくる。これは人類の歴史が証明しています。だからこそ、民主主義は信頼に足るのだと、僕は思います。

ここで重要なことは、この話は成熟した市民の存在を前提としていることです。もしその存在がなければ、民主政治はすぐに衆愚政治に陥ってしまいます。そうならないためにも、数字・ファクト・ロジックに基づいて、自分の頭で考えるクセをつけることが肝要なのです。

ちなみに、保育所の問題については、希望者全員が保育所に入れるよう、フランスで実現しているように義務教育と同じレベルでの義務保育を法定することが、問題解決の本筋だと考えます。

一次情報をもとに自分の頭で考える

数字・ファクト・ロジックを重視すべきだという意見に対して、巷間《こうかん》、よくいわれることのひとつに「いまの社会は情報が溢れすぎていて、どの数字を信じればいいのかよくわからない」という意見があります。果たして、本当に情報は溢れすぎているのでしょうか。僕は、けっしてそうは思いません。人間にとって本当に大切な情報は、本来、限られていると思うからです。

たとえば、経済がうまく回っているかどうか。これは経済の実質成長率で見るというのが世界の常識です。ここ数年間の世界全体の成長率は年間3・5%ほどです。これはIMF（国際通貨基金）のデータを見れば、すぐにわかります。IMFは毎年数回「世界経済見通し（WEO：World Economic Outlook）」を発表しています。現在の世界ではいちばん権威のある、最も信頼されている経済予測ですから、まずはこれを調べればいいわけです。

「3・5%の成長率が、高いのか低いのかわからない」と思うなら、世界経済見通しの過去のデータを参照すればいい。1970年代からのトレンドでいえば、世界経済はおおむね、毎年3％程度の成長率で推移しています。2005年あたりで中国やインドの高度成長が寄与して4％を少し超えた時期もありましたが、その後、リーマン・ショックがあって少し落ち込んだりしています。

そうすると、「世界経済はこの半世紀ぐらい、だいたい3〜4％の成長率で推移してきたんだな」という大枠がわかり、したがってここ数年間の3・5％という数字は普通だということがすぐにわかります。

また、先進国のここ数年間の成長率は、アメリカが2・5％前後、ユーロ圏が1・5％前後です。これに対して、日本は約0・6％ですから、「先進国のなかでは相対的に低い」と簡単に判断できます。

このように、人が何かを考えたり、判断したりする際に必要な基本的な情報は、冷静に考えるとそれほど多くはありません。人口、年齢分布、平均寿命、経済成長率、有効求人倍率、失業率、労働生産性、消費者物価指数、所得・給与水準、貯蓄率、ジニ係数（所得、資産分配の不平等度などを示す指標のひとつ）……そのあたりの数字がわかれば、国の経済状態の概略はだいたい把握できるでしょう。

その際、ＯＥＣＤやＩＭＦといった、信頼に足る国際機関が公表したデータをきちんと確認すること、要は一次情報に当たることが大切です。ネットに情報が溢れている、という指摘を別の角度から捉えれば、そうした一次情報をもとに考察を加えたり、他のデータを引っ張ってきて関連性を語ったりした二次情報、三次情報が溢れている、ということです。これらは玉石混淆《ぎょくせきこんこう》です。もちろん、「なるほど」と唸《うな》らされるような記事もありますが、一方でトンチンカンな考察や、思い込み、ミスリードが過剰だったりする、不誠実な記事も大量に目に付きます。そんなものに惑わされるのは時間の無駄であり、愚の骨頂でしょう。

少なくとも、まずは信頼できるデータを自分で調べて、自分の頭で考察しておく。そうすれば、その手の記事に振り回されることは少なくなります。

つまり、「情報が溢れすぎている」という文章をより正確に表現するなら、「信頼できない情報は溢れ返っているが、信頼に足る情報は、昔からそれほど多くはない」ということになるのです。

勇気が足りない人の言い訳

「現在は情報が溢れすぎている」という認識が広まったのは、インターネットの普及によるところが大きいわけですが、もうひとつ、ネットに絡んだ話題で僕が首をかしげてしまうトピックがあります。〝SNS疲れ〟です。

ツイッターやフェイスブック、インスタグラムなど、最近のネット社会ではSNSが盛んに利用されています。そこでは著名人から市井の人々までが、日常のたわいもないできごとや趣味について、あるいは個人的な信条や政治経済、社会に対してのオピニオン、今日のランチの写真、バカンスで出かけたハワイのビーチでくつろぐ自分の写真など、バリエーションに富んだ内容を発信しています。それに対して他のユーザーから反響があるのがSNSのおもしろいところであり、現代社会のコミュニケーションツールとして、大事な役割を担っていることは間違いありません。

しかし、そうした発信に触れて、たとえば「この人は、プライベートが充実していてうらやましい」「この飲み会、自分も参加したかったな」「この後輩、課長になったのか。うまくやったんだな」といった調子で、嫉妬をしたり、プライドが傷ついたり、落ち込んだりする人も少なくないと聞いたりします。

また、本音としては、自分にはなんの興味もない他人の話題なのに、「子どもが歩きました」「読了した本に感銘を受けた」などの友人・知人の投稿に「いいね！」ボタンを押してリアクションしなければならない……と強迫観念的に思っている人も多いそうで、SNSに疲れてしまうというわけです。

イライラするなら見なければいい。面倒くさければ反応しなければいい。ただそれだけのことだと僕は思うのですが、しかし「それはそれで不安になる」と言う人もいて、なかなか厄介です。

僕もツイッターやフェイスブックなどのSNSを活用していますが、すべてライフネット生命の若手社員から、「他の生命保険会社のトップはSNSをやっていませんから、差別化になります。いまから始めなさい」と指示されてやり始めたものです。ライフネット生命の経営で手一杯なので、原則、地下鉄での移動時間などの隙間時間に活用しているだけで、基本はライフネット生命をよりよく知ってもらうための発信ツールとして捉えています。

ただし、一期一会を大切にしているので、僕宛てに発信されたものに対しては、できるだけお返事するように心がけています。

人はそれぞれ、みんな違います。同じホモサピエンスという生き物ですが、個体により得手・不得手があり、趣味嗜好、信条、好みはみんなバラバラです。それは、覆しようがありません。つまり「自分と他人は違う」というのは、ごく当たり前のファクトです。

ファクトですから、そのとおりに受け入れるしかありません。

フランスの作家、ロマン・ロランは『ミケランジェロの生涯』（訳・高田博厚、岩波文庫）という本のなかで、次のように語っています。

「世界に真の勇気はただ一つしかない。世界をあるがままにみることである。そうしてそれを愛することである」

けだし名言だと思います。ファクトをありのままに見て、それを受け入れることこそ、真の勇気である、というわけです。翻って、ファクトを直視できない人は、勇気が足りないだけだともいえます。

再三述べているように、物事の本質を見極めるためには、数字・ファクト・ロジックを材料にして判断するしかありません。数字・ファクト・ロジックと対峙《たいじ》し、世界をあるがままに受け入れる勇気を持って、初めて人は成長できるのだと、僕は思います。

自分のことは誰にもわからない

数字・ファクト・ロジックは誰に対しても、また何事に対しても公平です。そして、自分にその気持ちさえあれば、数字・ファクト・ロジックを検証する機会も公平に与えられています。

インターネットは、持たざる人の最良の武器です。数字・ファクト・ロジックを容易に検証でき、また自分の気持ちの持ち方ひとつで、さまざまな機会に容易にアクセスができるからです。SNSを見て、他人と自分とを比較し、劣等感を抱えて鬱屈《うっくつ》としてしまう人は、公平に与えられているその機会を生かしていない、と考えてもいいでしょう。どうしてもいまの自分が受け入れられないのなら、自分も何かを試してみればいいのです。

友人が多く、余暇が充実していて楽しそうな人をうらやましいと思うなら、「自分も仲間に入れてよ」と申し出ればいい。飲み会が楽しそうだなと思うなら、「次は自分も誘ってよ」と伝えるなり、自分で飲み会を企画するなりすればいい。南の島でバカンスを過ごす友人に嫉妬するなら、次の休みに自分も出かけてみればいい。知人が出世したことが悔しいなら、自分も頑張って出世を目指せばいい。現在、与えられている条件は簡単には変えられませんから、あとは行動するか、しないかの違いだけです。

もちろん、試してみたからといって全部うまくいくわけではありません。しかし、自分で試してみて初めて、自分の向き・不向きがわかることが多いのも事実です。「ああ、自分はこういうことには向いていないのだな」と気づくだけでも、十分価値があります。

というのも、歴史を見れば自分のことが、よくわからないまま死んでいく人のほうが大多数だからです。人間の歴史を振り返ってみると、自分は何に向いているのか、何が得意なのかもよくわからないまま、たまたまある職業に就いて生涯を送り、死んでいく人のほうが圧倒的に多いもの。鍛冶屋の家に生まれたから鍛冶屋になった人、八百屋の家に生まれたから八百屋になった人、王族の家に生まれたから王様になった人……そんな人ばかりです。

偶然と呼んでも、運命と呼んでも同じですが、自分の目の前にある道を進んでみたら、たまたま現在の姿になっていた。そんな感覚がみなさんにもあるのではないでしょうか。

僕も、大学生のときに司法試験に落ち、浪人はできなかったので、たまたま採用してもらった日本生命に就職しました。もともと保険業界に興味があったわけでも、適性を感じていたわけでもありませんでした。何も知らないまま、保険の世界に入りました。

給与をもらう以上は、人並みに仕事ができるようになりたい。何より、どうせ働くならおもしろさを感じながら仕事がしたいと思ったので、自分なりに勉強もし、諸先輩の働き方から学ばせてもらったりしながら、目の前の仕事に一所懸命取り組んできました。

60歳でライフネット生命を開業したのも、「保険会社を一緒に創りませんか?」と誘われたから。その人の感じがとても良かったので、直観で「いいですよ」と答えてしまったことが直接のきっかけです。おかげでその後、人生でいちばん長時間労働を行う羽目に陥ってしまったのですが、経営者は全世界共通で起業時など大変なときには長時間労働を行っていますから、これぱかりは仕方がありません。

どうせ誰も自分の適性などよくわからないのだから、やりたいことを試してみる。まずは目の前にあることに一所懸命取り組む。それもひとつの勇気ではないでしょうか。その際、みなさんの松明《たいまつ》になってくれるのが、数字・ファクト・ロジックなのです。

酸っぱいブドウ

イソップの寓話《ぐうわ》に「酸っぱいブドウ」という話があります。

キツネが、木の高いところにおいしそうなブドウが生《な》っているのを見つけます。なんとかそれを食べようと飛んだり跳ねたりしますが、何度挑んでも穫ることができません。悔しくなったキツネは、「どうせあのブドウは酸っぱくてまずいだろう。いらないよ」と捨てゼリフを吐いて、立ち去る……そういった話です。

いまの日本は、この「酸っぱいブドウ」に登場するキツネと同じような状況ではないか——。僕にはそう思えるのです。

経済で中国に後れをとり、日本のお家芸だった電機・電子産業の売り上げでも韓国のサムスングループに後れをとった……という現実を前にして、「日本はもう十分に豊かな国になった。経済成長率やGDPに一喜一憂する時代は終わったのだ」などと話す人が増えてきました。攻撃的なナショナリズムと双璧を成す不健全な考え方だと思います。

なお、ひとつ付け加えておきますと、中国と日本との比較では、たしかにGDPの総額では負けていますが、2015年の国民1人当たりの名目GDP（米ドル換算）を見ると、日本の3万2479ドルに対して、中国は8141ドルです（どちらもIMFのデータ）。何をもって勝ち負けを判断するかにもよりますが、市民1人当たりのGDPでは、まだ日本のほうがはるかに上なのです。

「酸っぱいブドウ」のような日本——僕がそんな印象を抱いたのは、2011年11月にブータン王国の国王夫妻が来日された際に巻き起こった論調に触れたときでした。

ブータンでは、GDPなど一般的な経済指標に重きを置かず、「国民総幸福量（GNH：Gross National Happiness）」という指標を掲げて、国民1人当たりの幸福を最大化することで国全体の幸福度を高める、という国策を推進しているというのです。国王の来日に合わせて「国民のおよそ97%が『私は幸せ』と答える、世界一幸せな国」という話題がメディアでも大きく取り扱われました。ちなみに、この「97％」という数字は、２００５年にブータンで実施された国勢調査の結果です。

ブータンの国策の是非はともかく、メディアやＳＮＳで「これからの日本では、経済的な豊かさよりも、精神的な豊かさこそが大切だ」「ブータンの幸福度に見習え」と情緒的に煽るような議論が喧伝《けんでん》されて、僕は考え込んでしまいました。

もちろん「幸福」は大切な価値観です。人は誰しも、幸せに生きていきたいもの。ブータンに見習うべき点も、多々あるでしょう。

しかし、だからといって「もう経済成長なんていらない」という考え方になってしまうのは、あまりにも短絡的ではないでしょうか。

国連が発表した「世界幸福度報告書」の２０１６年版によると、幸福度第１位はデンマークでした。その後、スイス、アイスランド、ノルウェー、フィンランドと続きます。以降の主な国と順位をあげておきますと、カナダが6位、アメリカは13位、ドイツは16位、連合王国は23位、フランスは32位、イタリアは50位、ロシアは56位、中国は83位です。ブータンは中国に続く84位で、日本は53位という結果になりました。

この調査は、①GDP、②健康寿命、③社会的支援、④人生の選択の自由、⑤寛大さ（最近1ヵ月で慈善団体に寄付したことはあるか）、⑥汚職が多いか……という6つの指標を軸に幸福度を算出しています。どんな調査手法を採るかにより、幸福度の見え方も違ってくる、ということです。

日本は〝世界一幸福な国〟とブータンをもてはやしましたが、ブータンは一方で、多数派であるチベット系住民がネパール系住民を迫害するといった人権問題を抱えており、厳しい拷問が行われたりした事実も明らかになっています。そうした問題は、国連でもたびたび取り上げられているのです。

「酸っぱいブドウ」の心理は、ある種の退行現象といえます。経済成長を目指さなくてもいい、と唱える人は、これからの日本をどう生き長らえさせていくつもりなのでしょうか。精神的な豊かさを追求すれば、これからの時代を生きる子どもたちに素晴らしい社会を残していけるのでしょうか。

世界で最も高齢化が進んでいる日本では、何もしなくても1年間で30兆円規模の社会保障関係費が税金から支出されていきます。その額は年々増える一方です。財源をどうやって捻出するのか。日本が選べるのは民間の会社と同じで、売り上げを伸ばす（経済を成長させる）か、経費を削減する（社会保障を減らす）か、基本的にはこの二択しかありません。

人間、歳をとれば思うように身体《からだ》が動かなくなり、ところどころにガタがきて、具合も悪くなるものです。高齢化が進むということは、加齢で仕事ができない人が増え、病気になる人が増え、介護が必要な人が増え……という状況が加速するということ。つまり、どんどんお金がかかるようになるわけです。

そのぶん、稼がなければ国はどんどん貧乏になっていく。だから、普通に考えれば、先進国のなかでいちばん高齢化が進んでいる日本は、先進国のなかでいちばん成長しなければならないのです。

日本が置かれている現状を少しでも理解していれば、「日本は十分豊かだ。もうこれ以上の経済成長はいらない」などという発言は、簡単にはできないはずです。

ロジカルシンキングが育たない理由

僕はさまざまな場面で「数字・ファクト・ロジックで物事を見るのが大事」と述べてき

ました。しかしながら、「酸っぱいブドウ」の項でも述べたように、日本人はどうも情緒的、感情的な思考に流されてしまい、ロジカルに物事を見ていくのがあまり得意ではないように見えます。

その理由は明白です。数字・ファクト・ロジックで客観的に物事を見なくても、「あ・うん」の呼吸で、なんとなく物事をおさめてしまうことができたから。徳川幕府が進めた鎖国政策と、それによって強化された日本人の同質性については先に説明したとおりですが、それに輪をかけたのがみんなで協調して働くという戦後の工場主導モデルです。しかもそれが大成功したので、成功体験が社会の至るところに根強く残ってしまいました。要するに工場主導モデルの下では、みんながだいたい同じような価値観を持ち、同じような判断を下すことが奨励されたので、ロジックを構築しながら突き詰めて物事を考える必要性が育たなかったのです。

一方、外国でロジカルな考え方がなぜ定着したのかも、また理由は明らかです。さまざまな背景を持つ人々が混じり合いながら社会が成立し、発展していったからにほかなりません。

宗教、文化、伝統がそれぞれに異なる社会が地続きで存在していたので、鎖国をしていた日本では考えられないようなダイバーシティ（多様性）が生じました。そのような環境では、ツーといえばカーで話が済むような、情緒的なコミュニケーションは元から期待できません。信じている神さまも違えば、生活習慣も常識も違うのですから、「言わなくてもわかるよね」「こういう場合は、こう考えるのが普通だよね」という、相手任せのやり取りが通用しないのです。

そこで必要になってくるのが、数字・ファクト・ロジックという要素です。感情ではなく、客観的、具体的な事柄で相手と折衝し、物事を判断しなければ生きていけなかった。外国人、とりわけ欧米人が日本人と比べてロジカルシンキングを得意としているのは、そうした環境の違いが大きく影響しています。

僕が定年制廃止を訴えるわけ

いま、政府は「介護離職ゼロ」という大方針を掲げています。すごく真っ当な考え方だと思います。

要するに、家族の介護をするために、やむなく仕事を辞めなければならない人をなくす、ということです。現状では、介護離職者が年間10万人程度出ているとされ、政府は2020年代の初頭までにこの人数をゼロにしたいと打ち出しています。

世界でいちばん高齢化が進んでいる日本は、世界でいちばん介護を巡る状況がシビアな社会であるといってもけっして過言ではありません。

それでは、どうやって介護離職を減らしていけばいいのでしょう。介護サービスの充実はもちろんですが、そもそもの原点を考えると、介護が必要な高齢者の数そのものを減らすことが重要なポイントになります。端的にいえば、元気に動ける年数をできるだけ長くすればいいのです。極論すれば、それこそ亡くなる当日まで健康に過ごしてもらいながら、最期の時を迎えられるのが理想ということになります。

わかりやすくするために、この考え方を計算式にしてみます。

介護年数（C）＝平均寿命（A）－健康寿命（B）

ここで、Cを減らすにはどうすればいいですか？　Aを小さくするか、Bを大きくするしかありませんね。

ただ、Aを小さくするというのは、「おじいさん、おばあさん、たいへん申し訳ありませんが、できるだけ早くあの世に行ってもらえませんか」ということです。そんな選択ができるはずがありません。となると、Bをいかに大きくするかしか解はないのです。

健康寿命とは、誰かに世話や介助をしてもらうことなく、自分の面倒は自分で見られる状態で日常生活を送ることができる期間を指します。ADL（日常生活動作）が自分でできることと定義されていますが、要するに、自分でトイレに行ける元気な高齢者を増やせばいいのです。

僕は医師に「どうすれば健康寿命を延ばせますか」と尋ね歩いたことがあります。答えは全員「働くこと」でした。

朝、目が覚めて、とくに行く場所も用事もなければ、一日中パジャマにガウンで過ごしてしまうもの。それでは、体力も気力もどんどん衰えていきます。でも、仕事があれば、決まった時間に起きて、顔を洗い、男性であればヒゲを剃《そ》り、女性であれば化粧をして、然るべき服に着替えて出かけなければならない。それが何より健康の維持・増進に効くのだ、と説明されました。働く元気があるお年寄りには、できるだけ長く働き続けてもらうほうがいいのです。

そうであれば、政府がまず着手すべきは「定年制の廃止」です。それを政策として打ち出し、法定すれば、それだけで状況は一気に好転すると考えます。

定年を廃止すると、どうなるか。おそらく、年齢を問わない同一労働・同一賃金の仕組みが採用され、年功序列型の賃金制度がすぐにでも姿を消すでしょう。定年という強制的な節目があるからこそ年功序列型賃金——原則的に、年次が上がれば上がるほど給与が上がる——を維持できたのです。しかし、定年がなくなって、元気なら70歳、75歳になっても勤続している、という状況になると、年功序列型の賃金制度など続けられるはずがありません。

さらに、定年制がなくなると、解雇も、もっと自由に行われるようになるでしょうし、それにともなって、欧米のように、金銭による解雇ルールも確立されるでしょう。経営者の責任において、「この人は労働能力が著しく低下したので、解雇します」といった判断を下す必要が生じてくるからです。

その結果、人材の流動性も高まるし、「一括採用・終身雇用・年功序列・定年」という、戦後日本のワンセットのガラパゴス的な労働慣行がなくなり、企業の雇用システムが正常化されることでしょう。

定年という仕組みは、G7のどこの国にもない労働慣行です。アングロサクソンの社会では、年齢による差別は法律で禁じられており、たとえばアメリカでは履歴書に年齢を書かせるだけで企業は罰せられてしまいます。その人を雇用するかどうかは、意欲・体力・スペックだけで判断され、年齢・性別は問わないのが先進国の常識です。

ただ、このような話をすると、必ずといっていいほど出てくるのが「高齢者がいつまでも職場に居座ってしまうと、若者の働き口がなくなる」という反論です。しかし、2015年12月に厚生労働省の雇用政策研究会が公表した推計調査によると、今後、経済成長率がいまのペースで推移し、女性や高齢者の雇用が進まなかった場合、2030年ごろには労働人口が最悪800万人ほど減少してしまうと予測されています。労働力不足が加速するわけですから、むしろ若者は引く手あまたになるでしょう。

政府は「定年の延長を企業にお願いする」などと言っていますが、それでは甘い。いま、わが国のリーダーに求められているのは、定年廃止の大号令をかける覚悟だと思います。

肩車社会のインフラ

ライフネット生命に、定年はありません。そのため、すべての人材を年齢フリーで評価しています。現在、当社には30歳ちょっとで執行役員を務めている本部長がおり、20人以上の部下を抱えていますが、彼より年齢が下の部下はほとんどいません。それでも、誰も文句を言わない。なぜなら、当社は年齢で人材を評価しない、という大方針を設立当初から掲げているからです。その上司がビジネスパーソンとして優秀で、部下の声をよく聞いて適確に判断を下し、チームをまとめ上げるリーダーシップに長けているなら、メンバーも不満を抱きません。ただ単に年齢がいちばん上という理由だけでリーダーになっても、その人が無能ならみんなが迷惑するだけです。

年功序列型の社会は、歳をとった人を最優先に考える、という敬老原則に基づいています。しかしそうした社会を維持するためには、人口動態がきれいなピラミッド型であることが大前提です。

日本の国民皆保険、国民皆年金の仕組みが完成したのは、1961年のこと。このときは、約11人で高齢者1人の面倒を見ればよかった。11人で1人を支えるわけですから、大した負担にはなりません。財源は11人が所得税・社会保険料で負担していたのです。厚生省（現・厚生労働省）のデータでは、1961年当時の平均寿命は男性が66・03歳、女性が70・79歳でした。

これに対して、いまはどうなっているかというと、11人から、騎馬戦の騎馬ひとつ（3人）で支えているような状況を過ぎ、肩車（1人）で支えなければならない状況へと向かっています。しかも、ますます長命になっていて、2015年の平均寿命は、男性が80・79歳、女性が87・05歳です。

こうなると、敬老原則は維持できないので、高齢者にもお金があれば負担してもらうしかありません。具体的には、財源を所得税から消費税に移行せざるを得ない。マクロ経済の視点で見れば、所得≒消費なので、消費にお金を回せる人から税金を徴収するかたちにするのがごく普通の合理的な判断です。

また、一定の年齢になったら年金などを一律に支給するのではなく、ここでも年齢フリーの原則を採り入れて、困っている人を優先的に助けてあげるかたちにするのが自然でしょう。「高齢者を全員、肩車するのは無理です。そのかわりに、年齢に関係なく、シングルマザーなど困っている人を肩車するようにします」ということです。これは、少子高齢化が先に進んだヨーロッパが選択した道でもあります。

そうした仕組みを実行するには、資産や所得を正確に捕捉する必要があります。そのために、マイナンバーが必要になってくる。大多数の先進国で個人番号制が導入されているのは、少子高齢化が進み、敬老原則から年齢フリー原則の社会に移行すれば、消費税とマイナンバーが社会のインフラとして不可欠になってくるからにほかなりません。

これらの議論が俎上《そじょう》に載せられると、一部のメディアは「消費税は弱いものいじめだ」「マイナンバーにより、すべての個人情報が集約管理され、所得や資産額なども行政に筒抜けになる」「個人情報が危険にさらされる」などと騒ぎ立てますが、そんな難癖をつけている場合ではもはやありません。当然ながら、それらの仕組みを適切かつ安全に運用することは大前提となりますが、少子高齢化により肩車社会へと向かっている切迫した現状を正しく認識していれば、いかにリテラシーに欠ける議論であるかは誰にでもわかることではないでしょうか。

世界最古のメソポタミア文明の曙《あけぼの》を担ったシュメールの地から出土した、5000年前の粘土板には「勉強しなければ、商人に騙される」という趣旨のことが書かれていたそうです。リテラシーを上げなければ自分が損をする、というのは全世界、全文明に共通する人間社会の真理なのです。

第2章 日本の教育を再考する

大学進学率は先進国最低クラス

前章でもお話ししましたが、ＯＥＣＤの調査によれば２０１４年の日本の大学進学率は49％で、これはＯＥＣＤ加盟国の平均59％と比べると10ポイントほど低い数字となっています。率直にこの数字を見れば、日本人は勉強不足と考えざるを得ません。

一方で日本は「大学全入時代」であるともいわれています。少子化で大学への入学希望者数が、日本に存在するすべての大学の入学定員総数を下回る状況となり、学校や学部を選《え》り好みさえしなければ、原則として誰でも大学に入れる状況になっています。

もちろん、有名大学には入学希望者が集中するので、いまでも入学するのが相対的に難しい大学は存在しています。僕も「どこでもいいから、とにかく入れる大学に入れ」といった乱暴なことを言うつもりはまったくありません。しかし、以前と比べれば高等教育が受けやすい環境になっているのは事実ですから、もっと大学進学率は高くてもおかしくないはずです。

少なくとも、日本の国力を考えれば、ＯＥＣＤの平均以上の割合であっても、なんら不思議ではありません。

それなのに、どうして大学の進学率が上がらないのでしょうか。大きな原因のひとつは、金銭的な負担の大きさにあると思います。端的にいうなら、日本の大学の入学金や授業料が、諸外国に比べて高額であるということです。

文部科学省が発表した「諸外国の教育統計」2016年版によると、2015年における日本の国立大学の初年度納付金は81万7800円（入学金28万2000円、授業料53万5800円）、私立大学は全国平均で131万1644円（入学金26万1089円、授業料86万4384円、その他18万6171円）でした（2014年）。

参考までに、同資料に掲載されている外国の学生納付金を見てみましょう。

●アメリカ（2012年）
・州立大学（総合・4年制大学平均）　63万4000円
・私立大学（同）　192万7000円
※どちらも入学金はかからない

●連合王国（2014年）
・国立大学　157万1000円（イングランドの最高額。入学金なし）
●フランス（2013年）
・国立大学　2万3000円（入学金、授業料なし。このほか、学生は健康保険料2万6000円を納付）
●ドイツ（2016年冬学期）
・州立ボン大学　3万3500円（学生パス代や学生福祉会経費として学期ごと［1年2学期制］に徴収。入学金、授業料なし）
●韓国（2014年。入学金と授業料、事務経費の合計）
・国立大学　平均41万9900円
・私立大学　平均79万9300円

アメリカ、連合王国、韓国は、日本と同様に学生納付金が高額な国ですが、一方、ドイツ、オーストリア、エストニア、スウェーデン、デンマーク、ノルウェー、フィンランド、ギリシャ、ポーランドなどの国公立大学は、原則として授業料が無料です。事務手数料がかかったり、所定の年次を超えた場合は費用が発生したりと、国によって多少の学生負担を求められることもありますが、日本と比べたら微々たる金額です。

もうひとつ、日本の大学事情に見られる特徴を付け加えるなら、他のＯＥＣＤ諸国に比べて、私立大学に在学している学生の割合が多い、という点も見逃せません。２０１３年のわが国の在学状況を見ると、国公立大学が21％、私立大学が79％でした。ＯＥＣＤの平均はそれぞれ69％、31％という数値なので、いかに日本は私立大学偏重かがわかります。つまりそれだけ、子どもを大学に通わせるため、大きな金銭的負担を強いられている家庭が多いということになるのです。

しかも、日本は諸外国に比べて、貸与型の奨学金利用者が多いという傾向もあります。海外では、アメリカを除いて返済不要の給付型奨学金が中心です。貸与型はつまり、学生に借金を背負わせるということ。卒業して社会人になったら、長い返済生活が待っています。なお、給付型奨学金を拡充するのか、それとも欧州のように大学教育を無償とするかは、慎重な議論が必要でしょう。

さらに、日本は学生の負担が重い一方、教育関連の政府支出が世界最低レベル……。要するに、国が教育に割く予算が極めて少ない国でもあります。ＯＥＣＤが２０１６年に発表したデータによると、２０１３年時点で、ＧＤＰに占める教育機関への公的支出の割合が、日本は３・２％でした。この数字は、データ上で比較可能な33ヵ国中、下から2番目になります。ＯＥＣＤ平均は４・５％です。ありていにいってしまえば、日本は子どもたちの教育にあまりお金を使いたがらない国だということになります。

国のこのような姿勢は、前章で説明した戦後日本のキャッチアップ・モデルがいまだに尾を引いているから、と見てもいいでしょう。工場モデルが主導した高度成長期、労働者に求められたのは、賢さよりは、むしろ黙々と長時間働き続ける従順さや協調性でした。組織の歯車としてうまく機能するレベルのリテラシーがあれば十分。むしろ、あれこれと多様な思考をしてしまう人間のほうが面倒だ――。そんな環境が長く続いたので、日本の高等教育は極めて生ぬるいものになってしまったのです。

これでは、厳しいグローバル経済の世界を渡り歩くことができるような、たくましい知性や思考力など育つはずもありません。

大学院はさらに深刻

日本の高等教育について考えるとき、大学院進学者が先進諸国と比べて少ないことも、見逃せない問題です。

人口1000人あたりの大学院在学者数を見てみると、日本は2015年で1・96人です。対して、アメリカは5・22人（2012年。パートタイム在学者を含むと9・27人）、連合王国は4・76人（2013年。同8・46人）、フランスは9・07人（2013年）、ドイツは12・02人（2013年）、韓国は6・56人（2014年）（すべて文部科学省「諸外国の教育統計」2016年版より）という数字が並びます。

日本は情けない状況というほかありません。

日本の官庁や大企業では、優秀な人材を大学院に通わせたりしていますが、ほとんどが海外留学です。これはつまり、自国の大学院ではハイレベルな教育が期待できないということにほかなりません。単に勉強するだけではなく、海外での生活を経験させて国際感覚を身に付けさせたいという意向もあるとは思いますが、それにしては、日本の大学院に進ませるケースが少なすぎます。

日本はかつて「ジャパン・アズ・ナンバーワン」ともてはやされたこともある国です。現在は、そのときほどの勢いはありませんが、それでも実質的に世界第3位もしくは4位の経済力を持っています。本来であれば「日本が成長した理由を知りたい」「豊かな国・日本で暮らして、学んでみたい」と世界中から日本の大学院に学生が押し寄せてもおかしくないはずです。

この背景には、日本の大学の競争力のなさ（世界のトップ100に入る大学は東京大学、京都大学の2大学のみ）、入学時期の違い（世界は秋入学。日本は春入学）、日本語の壁などいくつかの要因が複合していると思いますが、打破したいのであれば、文部科学省が秋入学を強制するところから始めるのが、いちばん効果があるでしょう。

このように、エリート教育を海外の教育機関に委ねているような現在の状況は、極論すれば明治時代と同じです。当時の日本は「欧米列強に追い付き、追い越せ」の新興国でしたから、海外で最先端の学識に触れることには大きな意義がありました。しかし、いまの日本があいかわらずエリート教育を海外任せにしているのは、とても残念なことです。

国連など国際機関の幹部スタッフの募集要項を見ると、修士号や博士号を持っていることが条件になっている場合がほとんどです。

少し前に「日本は国連分担金をたくさん負担しているのに、国連職員が非常に少ない」といったことが話題になりました。外務省のデータによれば、2017年、日本は2億4420万ドル（分担率9・7％）の国連分担金を払っています。これはアメリカの6億1080万ドル（分担率22％）に次いで、2番目の負担額なのです。ちなみに3番手は中国で、1億9980万ドル（分担率7・9％）になります。

とはいえ、修士号や博士号を取得している日本人が少ない以上は、そもそも国連職員に応募する資格がありません。

日本人と他の先進国の学歴格差は、国際機関における日本の影響力にも影を落としているのです。

日本の大学はダイバーシティが乏しい

グローバルな世界のビジネス環境で求められているのは、深い学識と思考力、柔軟な発想力を兼ね備えた人材です。ところが、多くの日本企業では「修士号、博士号を持っている人材は使いづらい」という思い込み（根拠のない価値観）が強く、採用面においては4年制大学卒の人材を新卒で一括採用するスタイルが大部分を占めています。これも、高度成長期の工場主導のキャッチアップモデルに基づく、悪しき慣行のひとつでしょう。企業にとっては歯車として働けるレベルがあれば十分で、若いほうが賃金が安いのでさらにいい、という発想です。

そうした背景があってか、日本では新卒採用時における年齢の足切りがまかり通っています。卒業時に24歳、つまり「浪人1年、留年1年」「浪人2年」「留年2年」までなら許容されるという意味です。また、一部の研究職や技術開発職などを除いて、大学院に行って修士号、博士号を取っても、就職では一概に有利にはならず、むしろ年齢的には不利になる可能性すらある。そんな状況では、大学院進学率の上昇など望むべくもないでしょう。

外国では高卒で一度社会に出て、経験を重ねてから大学に進学する人がたくさんいます。文部科学省が２０１５年に発表した「社会人の学び直しに関する現状等について」という資料によると、25歳以上の大学入学者の割合は、日本の１・９％（２０１２年）に対して、アメリカは23・9％、連合王国は18・5％、ドイツは13・9％、韓国は17・3％となっています。ＯＥＣＤ諸国の平均は18・1％でした。

日本は、18歳からせいぜい20歳あたりまでに大学に進んでおかないと就職で不利になることに加えて、一度社会人になってお金を貯《た》めてから大学に進んだり、子育てが落ち着いたところで大学で勉強し直そうと考えたりするような人が少ないので（また、職場もそうした選択を許容しません）、いきおい、大学はダイバーシティ（多様性）の乏しい、18～24歳くらいの若者しかいない世界となります。乱暴な言い方をすると「キャンパスに子どもがひしめき合う」状況になってしまうのです。

本来、大学とは学問を志す人々に広く門戸が開かれている、オープンな環境であるはずです。ビジネス経験を積んだ30代、40代の学生もいれば、子育てを終えた50代、60代の人もいる。さまざまな年代、価値観、人生経験を持つ人々が集まって議論を交わし、切磋琢磨《せっさたくま》して学び合う環境が実現してこそ、価値のある高等教育が実現できると、僕は思うのです。大学にはダイバーシティが必要なのです。

ここまで述べてきたような日本の大学、大学院を巡る実態を改善するには、経済界の上層部の人たちが、意識を変えることがいちばんの早道です。過去の成功体験に、いつまでもしがみついている場合ではありません。

グローバルスタンダードに合わせればいいだけですから、話は簡単です。すなわち、大学院生を優遇すること。大学生を採用する場合は、何よりも成績を重視するという、至極真っ当なことを実践するだけの話です。

昨今のグローバルなビジネス環境においては、リーダーやトップランナーと呼ばれるような人々は、当たり前のように修士号、博士号を、しかも往々にしてダブルで保持しているのですから、そのスタンダードに合わせていかなければ、日本の経済は確実に後れていきます。採用年齢の足切りといった悪習はやめて、年齢フリーで、大学や大学院でしっかりと勉強して思考力を磨いた人材を積極的に採用していく——。たとえば経団連などがそうした方針を打ち出せばいいのです。

前章で述べたように、長時間労働がなくなり18時に職場を出ることが普通になれば、空いた時間でさまざまなことに取り組めます。たとえば、自分が毎日、飲み会に参加していた一方で、同僚が大学院に通って修士号を取り、給与が1・5倍になったとしましょう。

そうした例が自分のまわりに出てくれれば、周囲の人間も確実に感化されていきます。勉強して成果をあげれば給与が上がるという、グローバルな世界ではごく当たり前の環境をつくり、身近にお手本となるようなロールモデルが出現すれば、日本のビジネスパーソンの意識は大きく変わると思うのです。

世界的に見れば、経営陣の高学歴化が確実に進行しており、大学院を修了しなければ幹部になれないグローバル企業が多くなっています。経済産業省の資料によれば、アメリカの上場企業管理職等の最終学歴（人事部長の場合）は大学院修了が61・6％、4年生大学卒業が35・4％であるのに対し、日本の企業役員等の最終学歴（従業員500人以上）は4年制大学卒業が61・4％、大学院修了は5・9％という状況です（経済産業省「我が国の大学・大学院の現状」より）。

こうした世界的な潮流を見て、日本の経営者がどう判断するのか。従来どおり、見て見ぬフリをし続けるのか。それとも、自分たちの意識を変えて、しっかり勉強した人材が厚遇される環境を整備するのか――。判断を誤ると、後々取り返しのつかない状況に陥るかもしれません。

英語力は国際競争力の前提

世界では、すでに英語がリンガ・フランカ（国際共通語）になってしまっています。海外でビジネスに携わりたい、あるいは勉強したいと考えるのであれば、英語力は必須です。英語が使えないということは、海外に丸腰で出掛けていくようなもの。英語力はそのまま、国際競争力とイコールで繫《つな》がるといっても過言ではありません。もはや英語が使えなければ、グローバルな環境では話にならないのです。

しかし、そういわれるようになって何十年も経過しているというのに、日本人の英語力はなかなか向上しません。

その理由は簡単です。必要に迫られていないからです。

たしかに、英語を使えなくても日常生活ではほとんど困りませんし、英語力が必要な仕事に就いている人は、労働人口全体から見ればごく少数です。「英語力が大切」といわれても、自分自身の課題とは思えないのもやむを得ないことなのかもしれません。

これまで日本人は〝日本語の壁〟に守られて、島国のなかで幸せに暮らしてきました。

しかし、低成長時代を迎えた現在の日本は、もはやそのようなぬるま湯に浸かっていられるような状況ではないのです。

人口が減少していく日本には、今後、長い目で見れば海外から優秀な人材が流入してくるでしょう。彼らはおそらく必死に日本語を学ぶでしょうし、英語は当たり前のように使いこなす人がほとんどです。他の能力が同じであっても、語学力で劣れば、国内ですら競争に負けてしまう可能性があると思います。無闇に危機感を煽《あお》るのは好きではありませんが、日本人はもう少し語学力を高める意識を持ったほうがいいでしょう。少なくとも、英語はある程度使いこなせたほうが、チャンスは確実に広がります。

また、たとえばインターネット内で流通しているデータは、和文より英文のほうが質・量ともに圧倒的ですから、英語を勉強しておけばより賢くなれる確率も高まります。さらに中国語も使えたら、選択肢はいっそう増えると思います。

外国語を学ぶことには、メリットしかありません。たとえば投資信託、株式やＦＸといった投資の知識を身に付けてお金儲けを狙うより、英語を身に付けて自分の価値を高め、職業選択の幅を広げていくほうが、長い人生のなかでは確実に得をすると思います。

それでは、英語力を示す端的なモノサシはなんでしょうか。

世界共通で英語力のモノサシになっているのは、TOEFLという試験です。世界で通用する人材を目指すのであれば、TOEFLで最低でも100を超えることが不可欠になります。TOEFLの満点は120なので、100でグローバルな及第ライン。欧米の一流大学で学びたければ、110以上の英語力が求められるといわれています。

教育の現場に目を向けてみると、日本人は中学校で3年、高校で3年、大学で2年から4年ほど英語を学んでいます。全部で8～10年。けっこうな年数です。それでもなお英語力が低いままなのは、カリキュラムの問題、指導する先生の英語力の問題など、いくつかの理由が挙げられると思います。しかし、いちばんの問題は、英語を学ぶことにインセンティブ（目標への意欲を高める刺激）が付与されていないからでしょう。

人がなぜ大学に通うのかといえば、少しでもいい待遇の仕事に就きたいからです。そして「よりよい職場に就職するためには、英語力を高める必要がある」と自分自身の課題として捉えることができれば、人は自然に英語を学ぶようになります。

要は、企業がTOEFLのスコア100を採用時の基準として明示してしまえばいいのです。経団連や経済同友会、全国銀行協会などの会長が一堂に会して、「TOEFLで100のスコアを持ってこなければ、一切採用面談に応じないと決めました。就職を希望されるみなさんは、英語をしっかり勉強してください」と宣言すればいいのです。それだけで、学生は必死に英語を学ぶようになるでしょう。英語が使えないと、就活でまったく相手にしてもらえない——これは大きなインセンティブになります。

英語は、きちんと集中して勉強を続ければ、1年もするとかなり上達します。TOEFLスコア100も、けっして無謀な挑戦ではありません。学ばなければ、先がない——。そんな現実があれば、人は何ごとでも必死に取り組むようになるものです。

ワインは◎、宗教は×は本当か

ここまで再三、英語力、英語力と連呼してきましたが、僕自身の英語力はけっして自慢できるようなレベルではないことを白状しておきます。

外国人とコミュニケーションを取るためには、英語力が不可欠ですが、実際はそれだけではまだ不十分です。語学は、情報伝達のための単なるツールでしかありません。英語を使って、どのような話題（コンテンツ）について話すのか――。じつは、本当に重要なのはこの部分なのです。

ロンドンで暮らしていたとき、クリスマスに友人宅に招かれたことがあります。外国人は僕ひとりだけ。他の参加者は地元の人たちばかりでした。そのときの彼らの話題はクリケット。連合王国ではとても人気のある、野球の原型ともいわれるスポーツです。みんなが地元チームの話で盛り上がっていましたが、僕はそのクリケットチームの歴史や選手のプロフィール、成績などをまったく知りません。そのため、ほとんど会話に入れませんでした。つまり、僕と彼らのあいだには、共通のテキストがなかったのです。

このときはクリケットでしたが、実際に外国人と交流する場面では、政治や経済、芸術、文化、歴史や宗教など、幅広い話題について会話することが求められます。前述したように、OECD加盟国の大学進学率は平均で59%もあり、大学院を修了した人材も数多くいますから、海外のビジネスパーソンとちょっと雑談をするだけで「この人は、物知りだな」「興味深い知識をたくさん持っているな」と感心させられることが少なくありませんでした。

その点、日本人はどうしても非力に映ります。大学で勉強していない（企業が成績を重視しない）し、大学院にも行っていないからです。つまり、日本人の本当の弱点は、多少英語ができても、話すべきコンテンツを持ち合わせていないことなのです。

先ほど、僕の英語力はまったくたいしたレベルではないと述べましたが、そこで僕を助けてくれたのが、それまでの読書で得た知識や、趣味の旅行で経験した出来事などでした。語りたい内容があれば、こちらも必死で伝えようと努力しますし、ブロークンな英語でも相手は「おもしろいね！」「それは興味深い」と聞いてくれるもの。要は、それまでどのような勉強を積み重ねてきたのか、どのような知識をインプットしてきたのかが問われるのです。

〝自称〟海外通の人はよく「外国人と話すときは、政治と宗教の話題は御法度だ」などと言っています。しかし、それはまったくの誤解です。たとえば日本人の経営幹部同士で話すとき、どんな話題で盛り上がると思いますか？　トランプ現象やアベノミクス、選挙、消費税、中国や韓国、あるいはＩＳ（自称「イスラム国」）の話題……よくネタにされるのは、そんな話題ではないでしょうか。内々の雑談では、政治を批判したり、ときおり外国を揶《や》揄《ゆ》したりすることもありますね。それは外国人もまったく同じです。彼らも、政治、経済、宗教といった話題が大好きです。僕は中国の経営幹部と、何度も共産党政権について語り合ったことがあります。

なぜ、〝自称〟海外通の人がそのような勘違いをするのかというと、相手（外国人）が彼ら（日本人）の知識不足を見抜いて、レベルを合わせてくれるからです。日本人の経営者に政治や宗教、歴史の話を振ってもあまり盛り上がらないので、話題を変えて、ワインやゴルフの話で場を取り繕ってくれているだけのことです。

それにまったく気づかず、「海外で仕事をするなら、ワインのことくらい勉強しておいたほうがいいよ」などとアドバイスしてくれたりするので、周囲の人も誤った認識がなかなか抜けない……というわけです。

相手が日本人であろうと、外国人であろうと、知識や教養が相手と見合わなければ（共通テキストがなければ）、なかなか会話は盛り上がりません。日本人どうしでも、大学院で歴史や宗教学をしっかり勉強した人と、大学で遊び呆《ほう》け、何も勉強してこなかった人とでは、話は合わないもの。それと同じです。

勉強しないからリテラシーが低い

前章の冒頭でリテラシーについて説明しましたが、リテラシーとは要するに「自分の頭で考えながら社会で生きていくために必要な知恵」であると、僕は捉えています。だからこそリテラシーは、中学、高校のころから、きちんと子どもたちにも教えていくべきです。

たとえば、「市場原理とはこういうもの」「民主主義とはこういうもの」「国民国家とはこういうもの」など、僕たちの社会の基底を形づくっている原理原則を、平易なレベルからきちんと教えていく。英語もある意味、リテラシーだといえるでしょう。

原理原則さえ理解していれば、一見、複雑に見える事象でも、本質はシンプルであると見抜くことができます。そこに虚偽や欺瞞《ぎまん》が巧妙に隠されていたとしても、騙されるリスクが格段に減少するはずです。「あれ、何かおかしいぞ」と、微《かす》かな違和感を察知できるかどうかで、人生の質は大きく変わってくるもの。違和感を察知したなら、数字・ファクト・ロジックに基づいて冷静にジャッジしていけばいいのです。

戦後日本の教育制度は、誤解を恐れずに言えば、アメリカという山の頂上へと続く太い一本道を登らせるため、あまり物事を深くは考えず、文句を言わずに、みんなで協調して我慢強く歩き続ける従順な人間を養成する仕組みとして完成されました。自分の頭で一から考える力、自由に発想する力よりも、グループ全体の平均点を上げるために、そこその知識を詰め込みつつ、チームの和を乱さない従順さを養うことに重きを置いてきたのです。工場モデルに最適化した教育ですが、これでは、リテラシーが磨かれるはずがありません。

もうひとつ、リテラシーについて言えば、人・本・旅（現場体験）から学ぶ姿勢が大切だということ。これは、僕が折に触れて発信していることです。そして、人・本・旅から何を学び取るかは、その人がその時点で持っている知識や経験によって大きく変わってきます。

たとえば、小学生と大学院生がいて、それぞれエジプトまで旅行に出かけたとしましょう。目の前の大ピラミッドを見た小学生は、まだ知識や経験が不十分なので、「うわ〜、大きいなぁ」「でっかい石が積み上がっているんだなぁ」くらいのことしか感じ取れないかもしれません。しかし、そうした子どもらしい素朴で素直な視点を通じて、ときには大人だと見落としてしまうような事柄に気づくこともありますから、子どもの視点はけっして忘れてはならない感覚です。

それでは、大学院生はどうでしょうか。

小学生とは知識量がまったく違いますから、たとえば「これがクフ王が建設した大ピラミッドか。エジプト古王国の栄華を思わずにはいられない荘厳さだな」「もともとは表面に真っ白な化粧板が貼られていて、滑らかな斜面の四角錐《すい》だったんだ。残っていたら、どれほど美しかっただろう」「これだけの巨石を美しく積み上げていく当時の土木技術の高さは、驚異的ですらあるな」「ピラミッドの建設には、ナイル川が氾濫《はんらん》して農業ができなくなる夏季に、作業員を集めて仕事と報酬を与える……という公共事業的な側面があったんだよな」「最近、内部に新たな空洞が発見されたと報じられたが、どのあたりにあるんだろう」などなど、さまざまな知識を連関させながら、実際に見たり、聞いたり、触れたりしたことを通じて、新たな知見を構築していくことができるはずです。

つまり、知識や経験を日ごろから深めておけば、新たな対象に出合ったとき、より多くのものを学び取ることができる、というわけです。勉強のできる人がますます賢くなっていく一方で、勉強不足の人はいつまで経っても賢くならない。そうして、リテラシーの格差はどんどん広がっていく――。そういった光景を、学校や職場で目にしたことはありませんか？　勉強をしないから見識がなかなか広がらず、リテラシーも高まらない。これは覆しようのない真実なのです。

良貨が悪貨を駆逐する

「インターネットのなかにある情報は信用できない」「なんでもインターネットに頼ってしまって、考える力が劣化するばかりだ」等々、インターネットを悪者と見なす風潮は、依然として根強く残っています。

先に結論を述べてしまえば、これもリテラシーの問題です。インターネットの特性を理解し、正しく使いこなすことが大切なのであって、たとえば子どもにもインターネットとの付き合い方をきちんと教えればいいだけのこと。実際、インターネットは僕たちの暮らしを支える重要なインフラになっており、さまざまな利便性をもたらしてくれます。

そもそも、僕が創業したライフネット生命はインターネットに軸足を置いて保険業を営んでいる生命保険会社ですから、むしろネットを毛嫌いしているみなさんには、「そうおっしゃらず、ぜひ一度、ライフネット生命のウェブサイト（あるいはスマホサイト）をご覧になってみてください」とおすすめしています。

インターネットの空間内には、さまざまな言説や情報が飛び交っています。なかには言葉巧みにあえてミスリードをさせるような論考や感情的で攻撃的な雑言《ぞうごん》、ファクトを無視した単なるデマなど、見るに堪えないものもけっして少なくはありません。しかし、だからといって「全部インターネットが悪い」ということにはならないでしょう。なぜなら、インターネットも結局のところは、人間社会の縮図でしかないからです。人間がつくるものはすべて人間に似ています。言い換えれば、人間にはその程度の想像力しか備わっていないのです。インターネット空間は、その多くが匿名であることもあって、もともと人間が持っている醜悪な部分、ズルい部分、愚かな部分などが肥大化、可視化されやすいだけで、本質は現実の社会と同じです。リアルワールドにも、良い人もいれば悪い人もいる。それと同じで、バーチャル空間にも悪い人がいるのはごく当たり前のことなのです。

その意味で、僕はインターネットで流布されている言説に問題があったとしても、中長期的に見れば自浄作用が働いて、正しい方向へ進んでいくと考えています。「悪貨が良貨を駆逐する」のではなく、「良貨が悪貨を駆逐する」のです。それは現実世界もネット空間も同じではないでしょうか。数字・ファクト・ロジックから外れた発言は、やがては淘《とう》汰《た》されていくのです。

少し前、著名な女性が未婚の母になったとき、多くの雑言がネット上に溢《あふ》れました。「結婚しないで子どもを産むとは無責任だ」「父親を公表しないとはどういうことだ」「産まれてくる子どもがかわいそうだ」など、人々は好き勝手に彼女を批判していました。

僕は、それらの発言を非常に見苦しく感じて、ただただ呆《あき》れていたのですが、ひとりの女性の発言を見て、救われたことをよく覚えています。

その人はネット空間に溢れる批判に対して、「彼女に伝えるべき言葉はただひとつ。『日本のために、ひとりの元気な赤ちゃんを産んでくれてありがとう』でしょう。それ以外に、何かものを言う必要がありますか」と、ピシャリと指摘したのです。溜飲《りゅういん》が下がりました。まったくそのとおりです。

若い女性が赤ちゃんを産むことは、動物である人間にとって、ごく自然なことです。日本を除くG7の国々では、女性が第一子を出産したあとで結婚するケースが少なくありません。これは人間の歴史から見て、ごく普通の結婚の姿です。若い男女が好き合えば、だいたいは一緒に住みたくなるもの。自然と赤ちゃんが産まれます。そうすると親が喜んで、「そろそろお披露目して、役場にも届けておいたら」とアドバイスをする。日本でも昔はそうでした。ところが、G7のなかでは、日本だけが結婚してから第一子をもうけるのが当然のことだと捉えられています。これは、結婚しないで赤ちゃんを産んだ女性に対して「だらしがない」「ふしだらだ」等々、余計なことを言う大人が多いからです。少子化が大問題になっているというのに、なんという不寛容な社会でしょうか。

つぶさにチェックしていたわけではありませんが、彼女の正論を機に、罵詈雑言《ばりぞうごん》の類いは次第に薄れていったように思います。

長い目で見れば、正論に敵《かな》う論理は、この世には存在しないのです。

ウィキペディアはリナックス

インターネットに関連したトピックをもうひとつ。

先ほど述べた「インターネットは信用ならない」といったネット性悪説の一環で、「ウィキペディアは信用ならない」「ウィキペディアのせいで、人々の知性が劣化してしまっている」などの指摘があります。しかし、僕はけっしてそうは思いません。

ネット上の百科事典であるウィキペディアの最大の特徴は、誰でも自由に項目を書き加えたり、編集ができたりする点にあります。恣意的な解釈、独自の論考、出典元が不明瞭な内容などがあれば、誰でも「これはおかしい」と指摘することができる。物言いがついている項目については、「この記事は中立的な観点に基づく疑問が提出されているか、議論中です」といった注意書きがページ上に表示されるので、読者も惑わされずに済みます。言いたいことがあれば、誰でも議論のページに意見を書き込むことが可能です。

このように多くの人々の知見が集約され、考察が重ねられることによって、精度や確度が高まっていく仕組みを、ウィキペディアは備えています。

僕は、何ごとであれ双方向のコミュニケーションが大切だと考えているので、拙著にはすべて個人のメールアドレスを掲載しています。読者のみなさんからたくさんのご指摘が寄せられ、修正すべき部分は増刷の都度直しています。みなさんの指摘により、拙著が少しでも良くなることは、著者冥利に尽き、とてもうれしいものです。

ウィキペディアは仕組み自体がオープンになっていて、誰でも自由に使えて、誰でも自由にブラッシュアップに参加できるという点では、リナックスと同じです。

リナックスは、フィンランド人プログラマーのリーナス・トーバルズを中心にして開発されたコンピュータOS。オープンソースがいちばんの特徴であり、すべての仕様が完全に公開されています。ユーザーは自由にプログラムを書き換えることができ、機能を拡充したり、用途に応じてカスタマイズしたりすることも可能。1991年にリリースされて以来、現在に至るまでずっと進化を続けており、そこには多くの人々の知恵が反映されているのです。

話を戻しましょう。ウィキペディアは、たしかに大手出版社が出している辞書や百科事典とは違い、権威のある学者が監修したものではありません。しかし、どこの誰が書いたかもわからない匿名掲示板の書き込みや、独自の解釈で怪しげな意見を投稿しているブログ記事などよりも、はるかに信憑性《しんぴょうせい》が高く、プレーンな情報源といえるのではないでしょうか。

とくに、歴史上の年代や人物名といったファクトについては、ほぼ間違っていないと感じます。僕も「あの出来事は、何年だったかな」と確認したいときなど、ちょっとした調べ物にはウィキペディアを開くことが少なくありません。人名や事件名などに関してダブルチェック(再確認)を行えば、ほぼ信頼していいと思っています。

ウィキペディアの各項目には、出典元になっているウェブページへのリンクや、書籍、雑誌のタイトルなど情報ソースがページ下部に一覧で掲示されているので、もっと詳しく調べたければそれらをチェックすればいい。情報源として、とてもバランスの取れた仕組みを、ウィキペディアは備えていると思います。

そもそも情報の精度を高めたいのであれば、ネット上にある情報だけではなく、書籍や新聞、公的機関のデータ、学術機関の論文など複数の情報源を確認するのは当たり前の作法です。ウィキペディアだけをことさら悪者のように語るのは、自らの情報収集に関わるリテラシーの低さを公言しているようなもの。情報源ごとの特性をよく理解して、上手に使いこなせば、あまり問題はないと思うのです。

サッカーと野球

誰でも自由に議論に参加でき、論考が重ねられることでより良いものになっていく、というネット空間のオープンソース的な考え方は、民主主義の仕組みそのものだともいえます。

近代の民主主義は、かつて中世のヨーロッパで支配的だった王政（君主政）に対するカウンターとして発展してきたものです。王政においては、市井の人々が無知で従順であるほど治めやすく、為政者にとって都合がいい環境になるので、〝民は愚かに保て〟という方向に進みがちです。君主が人格者で、政治手腕が高ければまだよいのですが、私利私欲に走って人民から搾取したり、まったく仕事をしないために世が乱れたりすると、目も当てられません。不満を募らせた人民が改善を求めたり、議論を始めたりしたら、激しく弾圧するような暴君も出てきます。

そうした王政の問題点を克服するために登場したのが、議会を核とする民主主義です。民主主義の基本的なスタンスは「みんなが自由に議論を交わし、みんなが少しずつ賢くなっていけば、より良いリーダーを選べるようになるし、よりよい世の中になっていくはずだ」という経験則に立脚したもの。ときには間違ったり、失敗したりすることもあるものの、ラン&テスト（実行と検証）を繰り返していくことで、徐々に改善されていく。少なくとも、君主政よりは確実にマシな世の中になるはずだ、という考え方です。

民主主義を効果的に機能させるための大前提は、人々が絶え間なく議論を交わし、最適解を模索する営みを懲りずに繰り返すことです。そのためには、有意義な議論をするうえで求められる知見を、それぞれが身に付けていく必要があります。翻って、市民がリテラシーを高めることを怠ると、為政者が好き勝手を始めたり、権力者の嘘《うそ》に騙《だま》されたりする可能性が生じます。僕たちは常に学び、自分の頭で考え抜いていかねばなりません。

日本の経済成長率が、先進国のなかで著しく低いことは、すでに書き記したとおりです。にもかかわらず、日本はいまだに戦後の高度成長期に染みついた工場主導のキャッチアップモデル的な働き方を続けています。時代は変わり、社会に構造変化が起きたのですから、働き方や暮らし方もそれに合わせて変えなければならないのです。

いまの日本は、サッカーの試合なのに野球のバットを構えているようなチグハグさを醸し出しています。もう高度成長という野球の試合は終わったのです。いまはサッカーの試合をしています。状況が大きく変わったのに、「日本は野球が得意なんだ」「ボールが変わっても、バットで打ち返せばいいじゃないか」「いつかまた、野球が流行《はや》るときがくるだろう」と従来のやり方を続けている。

要するに、あまりにも成功した故《ゆえ》もあって、高度成長期の成功体験を捨て切れていないのです。そうした、かつての栄光をいつまでも引きずっているような政治家や経済界のリーダーには、早急に意識を変えてもらうか、リーダーの座から退いてもらうしかありません。そして、それを促すことができるのは僕たち市民の総意だけなのですから、まずは僕たちが賢くなってリテラシーを高めていくことが重要なのです。

直感で間違う人はインプットが足りない

僕は常日ごろから、人・本・旅と数字・ファクト・ロジックの大切さを説いて回っていますが、次のように質問してくる人がいます。

「言われることは、もっともです。しかし、日々の仕事や暮らしにおいては、とっさに判断を下さなければならない場面、瞬間的に動かなければならない場面のほうが多い。じっくり考えることができないときはどうすればいいのでしょうか？」

そんなとき、僕は次のように答えています。

「直感で動けばいいのです。直感を信じてください」

そう言われて目を丸くする人も多いのですが、僕はけっして荒唐無稽《こうとうむけい》なことを言っているつもりはありません。

少し詳しく説明しましょう。直感とは、簡単にいってしまうと脳の総合判断の結果です。人間は自覚していませんが、脳はいつも全体がフル回転して働いています。しかし、「いま、自分は○○について考えている」などと意識できる部分は、脳全体の活動のなかでいうと2~3割程度にすぎないそうです。直感とは、判断するために与えられた時間が少ない場合などに、脳が意識の部分には信号を送らず、無意識の部分で総合的に判断した結果なのです。つまり、「無意識のうちに、自分の脳が下した総合判断」が直感です。

そして、直感の判断材料になっているのは、それまでに自分の脳のなかに積み上げてきた情報の総量なのです。僕が表現するなら、人・本・旅から得た知恵の集積といったところでしょうか。それらをとっさに脳の引き出しから取り出して判断したものが、直感の正体です。

それまでに、せっせと知見を増やしていれば、コンピュータのディープラーニングと同じで、直感はかなりの確かさを持ちます。逆にいうと、直感で間違ってしまうことが多い人は、それまでのインプットが足りていないだけ。つまり、直感を磨きたければ、勉強するしかないのです。

直感の典型例は、素敵な異性に出会って「あ、いいな」と瞬間的に好意を抱く、あの感覚がまさにそれです。あとから落ち着いてよく考えてみれば、「目が素敵」とか「スタイルが自分好み」とか「声が魅力的」など、理由をいろいろ挙げることもできますが、まずは直感的に「いい」と思うところから好意の感情はスタートしているはずです。それは、脳が無意識のうちにフル回転して、瞬間的に相手を評価、判断した結果なのです。その判断材料になっているのが、それまでの恋愛経験、学校や職場での人間関係などで得た情報の蓄積です。

そうした直感に突き動かされて、とっさに「連絡先を教えてください！」とお願いしてしまったとします。お付き合いすることになったけれど、実際に付き合ってみたら、直感がハズれて、馬が合わなかった……そんなこともあるでしょう。そのとき、「ああ、自分は経験が足りなかった」「自分はまだまだ、異性のことがわかっていない」と痛感しながら、自身の恋愛に関する経験則をアップデートするはず。それも重要な学びなのです。

仕事や日々の雑事について、直感で判断を下すことも、結局はそれと同じようなことではないでしょうか。

勉強する以外に賢くなる方法はない

人はなぜ、学ばなければいけないのか。その問いに対する素晴らしい答えがあります。大佛《おさらぎ》次郎賞を受賞した名著『磁力と重力の発見』（みすず書房）の著者である、科学史家で自然哲学者の山本義隆さんは、学ぶ理由について次のように語りました。

「専門のことであろうが、専門外のことであろうが、要するに物事を自分の頭で考え、自分の言葉で自分の意見を表明できるようになるため。たったそれだけのことです。そのために勉強するのです」

正鵠《せいこく》を射るとは、まさにこのことでしょう。勉強することの尊さ、学ぶことの本質を適確に表していると思います。この言葉に触れて、僕もおおいに感銘を受けました。

人は学ぶことでしか成長できません。そして同時に、人は不器用な生き物です。学んだことを自らの血肉とし、自分の頭で考えられるようになるには、時間をかけて勉強し続ける必要があります。

中学や高校時代の部活動を思い出してみてください。運動部でレギュラーの座を射止めるためには、毎日毎日、つらい練習を重ねるしかありません。文化部、たとえば吹奏楽部でコンクール出場のメンバーになるにも、日々、練習するしかない。県大会に出て勝利を収めたり、コンクールで優秀な成績を収めるには、さらなる練習が必要でしょう。そこまで練習しなければ、人間は何かしらの技能や知識を身に付けることができないのです。近道はどこにも存在しません。

以前、ある人が次のように尋ねてきました。

「私はこれまで遊んでばかりいて、何も勉強してきませんでした。すでに不惑の年齢を過ぎています。いまから勉強しても、もう遅いのではないでしょうか」

どんなに後悔したところで、過去は取り戻せません。ですから、後悔しても意味がないのです。そして「もう遅いのでは」などと悩む暇があるのなら、四の五の言わずに、いますぐ勉強を始めればいい。これからの人生のなかで、「いまこの瞬間がいちばん若い」のですから、今晩から勉強をスタートすれば、明日には1日分成長することができます。それを積み重ねていけば、1年後、5年後、10年後には大きく成長していることでしょう

――僕はそう答えました。

もう遅いのではないか……そういう考えは無意味です。焦りがあるのかもしれませんが、焦ったところで何かが変わるはずがありません。自分ができる範囲から、少しずつ勉強していけばいい。何もしなければゼロのままですが、たった半歩でも歩み始めれば、昨日よりは確実に前に進んでいるのです。

「考えるクセ」を付ける

自分の頭で物事を考えるのは、じつはそう簡単な作業ではありません。考えれば考えるほどわからなくなってしまうこともあるし、勉強して物事を知ってしまった分、余計に判

断に迷うような場面も出てきます。そうなると、職場であれば先輩や上司に相談したくなるものです。

僕のところにも、部下がいろいろな相談ごとを携えてやってきました。

「ちょっと相談したいことがあるのですが、聞いていただけますか?」と部下。

「イヤや」と僕。

こうしたやり取りは、前の会社では約束ごとのようになっていました。半分は遊んでいるのですが、もう半分は本気です。

ライフネット生命は小さな会社なので、僕がすぐに話を聞いて、助言をしたり判断したりしないと業務が滞る可能性もあり、相談に乗る回数も増えましたが、前職のころは、原則として部下の相談には一切乗りませんでした。より正確に述べると、部下からの丸投げの相談ごとには、耳を傾けなかったのです。

どのような会社でも、それぞれのスタッフには担当すべき業務があります。そして係長、課長、部長……と昇進するにつれて、カバー範囲が広くなっていくのが普通です。つまり、部下のほうが上司よりカバー範囲が狭い分、専門性の高い仕事をしているはずなのです。

「相談といわれても、君のほうがその分野については詳しいはずだよ。よくわかっている人からの相談を、よくわからない僕が受けるって、おかしいじゃないか」

それが僕の答えでした。

「よくわからなくなってしまいました。どうすればいいでしょうか」「ちょっと行き詰まってしまいまして」といった、論点が整理されていない相談ごとは断固拒否。上司に一から考えさせたり、方向性を決めてもらったりするのが目的の〝相談〟は、ずっと突き返してきました。理由は簡単です。自分の頭で考えない限り、いつまで経っても成長しないからです。

部下もしぶといもので、相談ごとを突き返そうとする僕に「部下の相談に乗るのも仕事のうちだと思います」などと言い返してきたりするのですが、僕はよく、次のようにアドバイスしていました。

「まず、とにかく自分の頭で考え抜いて、A案、B案の2択くらいに整理してごらん。そして『A案の場合はこう、B案の場合はこうなります。自分としては、こういう理由でA案のほうがいいと考えています。アドバイスをいただけますか？』と尋ねてくれるなら、相談に乗らないこともないよ。でも、問題を自分で解こうともせずに、『正解を教えてください』といった相談には、一切乗らないから」

自分の頭で考えることは、けっこう大変です。しかし、それを繰り返さないことには、考える力は絶対に伸びません。徹底的に自分の頭で考えるクセをつけて、最後に上司から参考意見を聞くくらいでちょうどいい。それができていない部下は、追い返す。そうでないと、人は育ちません。

大切なのは、やはり数字・ファクト・ロジックです。僕は情緒的な仕事は大嫌いです。仕事の美学のようなものにも興味はありません。数字・ファクト・ロジックに基づいて、具体的な案を示してくれて初めて、こちらも具体的な意見を返すことができるのです。

「人を育てることができる」と思うのは傲慢

人を育てる、という話をしておいて、舌の根も乾かぬうちにこのようなことを言うのもどうかと思いますが、僕は実際のところ、上の人間がいくら口やかましく言ったところで、部下が思いどおりに育つとは考えていません。中学校のとき、陸上をやっていて、そう痛感じました。100メートル走は努力ではなく、持って生まれた才能がモノを言う世界だったのです。

下の人間が育つかどうかは、結局のところ当人の器の問題です。人間が成長するというのは、当の本人に資質や適性があって、あとはそれを開花させることができたか、できなかったか——。そういうことだと考えています。もちろん、本人の頑張りは絶対に必要です。しかし、周囲がどんなに厳しく鍛えたところで、成長するかどうかは資質や適性次第。ありていにいえば、人が育った、というのは、本人に伸びるポテンシャルがあったから、伸びただけなのです。

人にはそれぞれ、異なった資質や適性があります。組織ができることといえば、大きく育つポテンシャルのある人材を採用し、さまざまな部署をローテーションさせながら適性を見極めて、順調に育つかどうかを見守ることくらいでしょう。

プロ野球の世界を見てください。新人選手を10人前後獲得したとしても、一軍で生き残っていくのは、せいぜい1人か2人程度です。年次によっては、数年後にまったく残っていないというケースもあるでしょう。プロチームから声がかかるくらいですから、新人たちはみな、野球が上手です。そして彼らのまわりには、経験のあるコーチ、優れた技術を持つ先輩、科学的に身体《からだ》を鍛えてくれるトレーナー、充実した練習施設など、抜群の環境が整っている。それでも、プロの世界で生き残っていける人は、ごく僅《わず》かです。

プロスポーツの世界と、一般的なビジネスの世界を同じ次元で語るな、という人もいるかもしれませんが、本質は同じだと思います。「自分は人材育成に力を入れている」「一所懸命、指導をしている」——そう言い切る管理職もいるでしょうし、なかには泊まり込みで部下全員に特訓を施すようなケースもあるようです。しかし、そうした姿勢のなかに、人間の傲慢《ごうまん》さを感じるのは僕だけでしょうか。無理やり〝育成〟される部下がかわいそうです。

上の人間がやるべきことは、冷静な適性や資質の見極めです。管理者が必要なのであれば、社員のなかから管理者の適性があると思われる人材を見つけ出し、それから管理者教育を施せばよいのです。正直にいうなら、人材は育てるものではなく、見つけ出すものだと思います。

教育レベルを上げるには

「育てる」に関して、学校での教育についても考えてみましょう。

教育の目的を考えたことはありますか？　学校教育でいちばん大事なのは、生徒たちが自分の頭で考えたことを、自分の言葉で、自分の意見として臆することなく発表できる力を子どもたちに与えることです。

さらに、そうしたスキルの土台となる価値観として、「人の顔がみんな違うように、みんなそれぞれ自分の考えを持っていて、意見が違うことがあって当たり前」「だから、みんなで自由に意見を発表し合って、話し合うことが大切なんだ」ということを、きちんと伝えていかなければなりません。いずれにせよ、すべての基本になっているのは、自分の頭で考え、それを自分の言葉で相手に伝える力です。そして、考える力は、勉強することでしか磨かれないというのは、すでにお話ししたとおりです。

自分で努力する姿勢も大切ですが、学校教育のレベルを上げ、社会全体の仕組みのなかで子どもたちを鍛える環境をつくり出すこともまた重要です。では、教育のレベルを上げるにはどうすればいいのでしょうか。まず着手すべきは、企業の採用基準を根底から見直し、大学時代の優の数を基準に採用を行うことです。たとえば優・良・可・不可の4段階評価で、全科目の3分の2以上で「優」を獲得していない学生は、採用しないという基準を経団連や全国銀行協会などが打ち出せば、大学生は必死で勉強するようになります。前述したTOEFL100以上を採用基準にする、という議論と同じように、企業団体が大号令をかければ、直ちに変化が起きるはずです。

ひとたび入学してしまえば、あとは4年間遊んでいても卒業できるのが日本の大学です。学生は遊びやアルバイトに夢中で、授業を熱心に聞くこともありません。それでは教師のモチベーションも上がらないので、レベルの高い授業が展開されることにはならないのです。しかし「優」を取らなければ希望する企業に入れない状況になれば、学生は熱心に授業に参加するようになります。気の抜けたような授業をしている教師には、学生から苦情がくるでしょうから、授業内容のレベルも上がるはずです。

このように、企業が採用時に大学の成績を重視するようになれば、大学の教育レベルも自動的に上がります。大学の教育レベルが上がれば、それに合わせて高校の教育レベルも上がり、高校の教育レベルが上がれば、中学校、小学校の教育レベルも上がります。要するに、最後の出口を変えてしまえば、全体が変わるということです。

「それほど単純にコトが進むわけはないだろう」という向きもあるかもしれませんが、初等教育、中等教育、高等教育はすべて連動していますから、中長期的に見れば、採用基準を成績重視に改めるだけで、日本の教育レベル全体が底上げされていくと、僕は考えています。

教師の質

「子どもたちの学力が低下したのは、教師の質が悪いからだ」「いじめを見抜けなかったのは、先生の怠慢だ」など、学校で何か問題が起こると、真っ先にやり玉に挙げられ、悪者扱いされるのが教師です。

教師の質うんぬんは個人の資質にもよるのでさておき、日本の教育現場の状況を鑑みると、先生方のモチベーションはなかなか上がらないだろうな、と思います。

「ＯＥＣＤ国際教員指導環境調査」（２０１３年）によると、日本の教師の合計勤務時間が

ＯＥＣＤ加盟国のなかでは最も長く、週53・9時間でした。世界平均は38・3時間です。長時間労働は、教育現場でも民間企業と同様に横行しているのです。

内訳を細かく見ていくと、「授業」に割いているのは17・7時間で、参加国平均の19・3時間を下回っています。そのほか、「生徒に対する教育相談」「学校内での同僚との共同作業や話し合い」といった項目については他国とそれほど差はないのですが、突出して多いのが「課外活動の指導」。参加国平均が2・1時間なのに対して、日本は週に7・7時間も使っています。つまり、日本の教師の勤務時間が長いのは、部活動の指導に追われているからなのです。それほどの激務であるにもかかわらず、政府支出における教育関連支出の割合は世界最低レベル。つまり、国が教育にお金を使ってくれないので、教師の待遇も良くなりません。

僕は、学校の教師には授業と進路相談、その他学校運営に関わる業務をやってもらうだけで十分だと考えています。部活動の指導は、専門のコーチを雇うなりＰＴＡにお願いして、保護者のなかからサッカー経験者などを募り、監督を任せればいいのです。

忙しくて、待遇も良くない職業が魅力的に見えるはずがありません。それでも、理想を掲げて教師の道を選んだ人も多いことでしょう。そのような先生方を酷使し、疲弊させてしまうような状況は、すぐにでも改善する必要があります。なぜなら、最終的にいちばんの不利益を被るのは子どもたちだからです。

教師は本来、とても魅力的な職業のはずです。将来を担う子どもたちと長い時間をともに過ごし、すぐ近くで成長を感じることができるのですから、やりがいのある、おもしろい仕事であって然《しか》るべきでしょう。

学校教育の質を上げたいのであれば、政府はもっと教育関連に予算を回して、教師の待遇や労働環境（とくに長時間労働）を改善することを真剣に考えるべきではないでしょうか。古今東西、社会の盛衰は、未来の人材の質で決まるのです。

第3章

腹に落ちるまで考え抜く

「腹に落ちる」とは何か

本当に納得する、心の底から合点がいく、といった状態を表すとき、「腹に落ちる」という表現がよく使われます。「腹」とは内臓のこと。つまり、ある事柄が腹のなかにしっかりと収まり、違和感もなく、落ち着く……という状態を指しています。

僕は、物事について数字やファクトを使って考え、ロジックに基づいて理解し、納得して初めて、知識や経験が自分の血肉になると考えています。これこそが「腹に落ちる」ということなのです。ここまでにお話ししてきた、「よく勉強し、よく考える」という行為は、腹に落ちる状態に至って、ようやく意味を成すといってもいいでしょう。

別の言い方をすれば、腹に落ちるまで、考えて、考えて、考え抜かなければ、どんなに勉強しても、理解した気になっても、絵に描いた餅にしかなりません。

人間は知識や物事を「腹に落ちる」まで考え抜いて、初めて具体的な行動に移ることができるようになります。「考えれば考えるほど、行動に移せない」と言う人もいますが、それは単に「腹に落ちる」まで考え抜いていないだけのことなのです。

たとえば、みなさんにボーイフレンドやガールフレンドがいて、「将来は結婚したい」と考えているとしましょう。一方、父親や母親は「そんな相手と結婚するのは許さない」と大反対しています。そしてみなさんは、「別れる」か「駆け落ちする」かの究極の選択を迫られてしまいました。「駆け落ち」がピンとこなければ「親と縁を切る」でも構いません。いずれにしても、「恋人」か「親」かを、二者択一で選ばなければならず、しかも選択の機会は1回きりという状態をイメージしてください。

このとき、多くの人は「恋人」を選ぶのではないでしょうか。それは「自分の両親よりも、恋人のほうが大事」だということが腹に落ちているからです。腹に落ちているからこそ、駆け落ちなどという極端な選択もできるわけです。

普段なかなか行動に移せないと思い悩んでいる人は、自分の状況や思いをノートや紙に書き出してみる、人に話してみるなど、どんな手段を使ってもいいので言語化してみましょう。それらを目の前に並べて（つまりは要点を整理して）、そこから納得できるまで〝考え抜く〟習慣を身に付けることをおすすめします。

「思考力」の磨き方

本書の軸となるテーマ「本物の思考力」を鍛えるためには、「腹に落ちる」まで考え抜くことが前提条件となります。

僕が尊敬している、中央大学名誉教授の故・木田元《げん》先生（哲学者）も次のような趣旨の言葉を残しておられます。

「思考力を高めるためには、きちんと書かれたテキストを一言一句丁寧に読み込んでいくことが大切。句読点ひとつにも意味がある。そうして、著者の思考のプロセスを追体験することによってしか、考える力は鍛えることができない」

そのとおりだと、僕も思います。本の読み方について尋ねられたときに、いい本であれば、僕が徹底した精読——速読、飛ばし読み、斜め読みをせず、本の最初から順番に、一言一句、しっかりと目を通していくこと——をすすめているのも、まったく同じ理由からです。

木田先生は亡くなるまで、ハイデガーの原書講読を若い教え子たちとともに続けておられました。いくつになっても自分の考える力を鍛え続け、そのために必要な姿勢（方法論）を後進に伝えていった木田先生の取り組みは、本当に素晴らしいと思います。

さて、優れた思考力を得るということは、優れた他人の知識や思索、思考のプロセスなどを吸収したうえで、目の前の課題を自分の頭を使って考え抜き、自分の言葉で、自分の意見として他人に伝えられるということです。「自分の頭を使って、自分の言葉で考え抜く」ことができて初めて「腹に落ちる」という感覚が得られるのです。

また、僕が誰かの意見を見聞きして「腹に落ちる」ときは、その人の意見が相互に検証可能な数字・ファクト・ロジックに裏付けされていて、反論のしようがないときです。その3つが揃《そろ》って、初めて議論に足る主義主張が完成します。

木田先生の言われる「きちんと書かれたテキスト」とは、数字・ファクト・ロジックがきちんと盛り込まれた、整合性がとれていて破綻のない文章のことだと僕は考えています。

たとえば、経済学について理解を深めたい学生に対して、僕はケインズよりもアダム・スミスの著作を読むことをすすめています。なぜなら、後者のほうが文章がわかりやすく、数字・ファクト・ロジックをベースにスミスがどういう道筋でものを考え、「市場経済」

というコンセプトを考え出したのかが、丁寧に書かれているからです。スミスの書いた『国富論』を丁寧に読み込んで、その結論に至った思考の流れを追っていく。そうすることで、スミスの思考のプロセスや考え方が腹に落ちる。スミスの優れた論考を土台にして、自分の意見や考えをまとめる参考とすれば、自分の頭で考え抜くことができるようになり、自分の言葉で自分の意見を発信できるようになると思うのです。ちなみに、スミスのもうひとつの著作、『道徳感情論』も傑作です。

手間のかかる作業ですが、これを正しく実践しなければ考える力は身に付きませんし、聞くに値する論考を述べることもできません。

いまはスミスを例に引きましたが、もちろんこの方法は経済学以外の分野でも非常に効果があります。要は優れたプロの頭脳に教えを請うという話ですから、デカルトであってもアリストテレスであっても問題はありません。

何か極めたい分野がある人はまず、そのジャンルにおいて長らく読み継がれている古典を、腹落ちするまで読み込むといいでしょう。

コミュニケーションの要諦

数字・ファクト・ロジックを基に物事を「腹落ち」させることが、自身の思考力を鍛え、やがては優れたアウトプットや意味のあるコミュニケーションへと繋がっていきます。

では、腹落ちしていない状態でアウトプットしたり、コミュニケーションをとったりすると、どうなってしまうのかを説明しましょう。

「お茶のお作法」にまつわる、次のような逸話を聞いたことがあります。

外国人をおもてなしするティーセレモニー（茶道のお茶会）が開催されました。お茶が自分のところに運ばれてきたら、お茶碗を手に取って、回さなければいけません。それを見た外国人が、「なぜお茶碗を回すのですか？」と尋ねました。

ある人が、「これが日本の伝統的な作法です」と答えたのですが、件《くだん》の外国人はキョトンとしています。

日常生活で同じような会話を見聞きした経験がある人もいるでしょう。これではただのトートロジー（同じ言葉の繰り返し）です。まったく何も説明していません。

それに気づいた横の人が、次のようにフォローしました。

「ティーセレモニーは、じつはお茶を提供しているほうがゲストなんです。ホストはわれわれお茶を飲む側で、お茶碗に描かれた美しい模様をゲストに見せるために回しているのです」

外国人にとっては馴染《なじ》みのない考え方かもしれないし、またこれが正しい答えかどうかは知りませんが、その外国人は「それは興味深い」と言って納得したそうです。

数字・ファクト・ロジックがきちんと成立していれば、国や文化・習慣の異なる相手にも「そういう考え方なのか」と理解してもらえます。賛成してもらえるか、反対されるかは、相手の価値観や主義主張によって違ってきますが、筋道の通った説明であれば、耳を傾けてもらえることでしょう。まずは話の筋道を示すことが何よりも大切なのです。

ちなみに筋道の通った話とは、言い換えれば、相互に検証可能な数字やファクトをベースにロジックを丁寧に積み上げて、いかなる外国語にも翻訳することが可能なストーリーだということができるでしょう。

人生はイエス・ノーゲームの繰り返し

最近は、「頑張っても報われない」と諦観《ていかん》する若者が増えたという話を耳にします。そういった消極的な若者を「ゆとり」世代だとか「さとり」世代だと揶揄《やゆ》する大人もいますが、僕はまったくそうではないと思います。というのは、若者は大人を映す鏡であって、若者は自分たちよりも上の世代の人間の考え方に影響されているからです。つまり、若者が仮に諦観しているのであれば、それは、その上の世代が諦観しているということを示しているのです。

わが国の社会全体の諦観、閉塞感を象徴するのが、選挙の投票率ではないでしょうか。ご存じのようにわが国の投票率は長年減少傾向にあります。たとえば、2014年に行われた衆院選の投票率は52・66%で、戦後最低の水準でした。そうした結果になるのは「選挙に行っても、どうせ何も変わらない」と諦めてしまっている人が多いからだ、とメディアでも頻繁に報道されていました。

しかし、「選挙で何も変わらない」という考えは果たして正しいのでしょうか? 僕は、選挙に行かない人に次のような質問を投げかけてみたいと思っています。

まず「みなさんは、いまの世の中をより良くしたいと考えていますか？」という質問です。

これに対して〝ノー〟と回答する人は、おそらくあまりいないでしょう。そして、世の中を良くする方法として、いちばんわかりやすいのは「良いリーダーを選んで良い政府をつくる」か「知恵を絞って、一所懸命働いて生産性を上げる」かのどちらかしかありません。

続いての質問は、「投票率が高い場合と低い場合、どちらがより良い政府をつくることができるでしょうか？」です。

リーダーを選ぶ審査員（有権者）の数が増えると、審査の精度が向上するわけですから、投票率が高いほうがいいに決まっています。

現在、ドイツでは「民主主義の危機」が大きな社会問題として議論されていると聞きました。なぜなら、投票率が7割を切りそうだというのです。投票率が5割程度まで落ち込めば、経験的に後援会のある人や組織票を持っている人しか当選できません。つまり、政治に新しい血（チャレンジャー）が入らなくなるのです。

G7のような先進国では、2世、3世の国会議員の割合が1割を超えているような国は、わが国を除いてひとつもないそうです。これに対してわが国では、半数近くが2世、3世議員。これはかなり異常な状態だと考えるべきではないでしょうか。一刻も早く、1人1票（1票の格差の是正）を実現し、インターネット投票を導入するなどして投票の機会コストを引き下げ、投票率を高めるように努めねばなりません。

同様に「生産性を上げる方法」についても考えてみましょう。

生産性を上げるために、「長時間労働」か「なるべく残業を避けて、脳を刺激するインプット（人・本・旅）に時間を割く」という選択肢があったと仮定します。機械（ベルトコンベア）が長時間稼働すれば生産性が上昇する工場モデルの場合は前者ですが、アイデアや優れたサービスなどを提供することで対価をもらう第3次産業であれば後者が正しい選択肢になります。

このように、何かの判断を迫られたときや課題にぶつかったときは「イエス・ノーゲーム」を行っていけば、自《おの》ずと合理的な解決策や選択を導き出すことができます。

そして、パソコンのタイピングと同じように、イエス・ノーゲームも続ければ続けるほど、慣れてきて正解を導き出すスピードが速くなります。練習するのなら、仕事や重要な決断以外にイエス・ノーゲームを採り入れればいいのです。たとえば、「ランチに誘われたときに行くかどうか」、「素敵な人に出会ったとき、連絡先を聞くかどうか」などです。いろいろなシチュエーションで応用できると思います。

というより、僕たちの日々の暮らしは、イエス・ノーゲームの連続で成り立っていると言っても過言ではありません。「朝ごはんを食べてから家を出るか、出勤途中に買って職場で食べるか」「傘を持って出るか、置いていくか」「ここのところ酒席が続いたから、今晩は休肝日にするか、しないか」「上司に企画案を提出する前に、先輩にチェックしてもらうか、してもらわないか」など、僕たちは自覚しないまま、イエス・ノーゲームを脳内で常時繰り広げているのです。

このように、いつもは意識することなくこなしているイエス・ノーゲームを、これからは意識的に日々の生活のなかで実践してみてください。やってみると、判断すべき課題を明確にしなければ選択できないことに気づくはずです。それが意識してイエス・ノーゲームを実践することの効能のひとつです。課題が不明確なままだったら判断のしようがありませんから、自然と物事の本質を見るようになりますし、シンプルに物事を捉えられるようになります。それを繰り返していると、「課題の整理、要件の定義→イエスかノーかの判断を下す」という処理速度がどんどん上がっていきます。思考力が磨かれて、判断するときに迷うことが少なくなるでしょう。

加えて、その際にメリットのある選択肢やポジティブな結果を生み出す選択肢を意識して選んでいけば、人生は明るい方向に進んでいくはずです。世の中を悲観的に見ている人こそ、ぜひ活用してほしいテクニックです。

イエス・ノーゲームのように、自分のなかで選択肢を定めて、それらを比較して、より最適な答えを導き出す方法は、脳の仕組みにもマッチしています。

脳の働きに関わる著作を多数上梓《じょうし》されている東京大学教授の池谷《いけがや》裕二先生は、著書『脳はなにげに不公平』（朝日新聞出版）のなかで、「脳が瞬時に把握できる個数は三つまでで、四つ以上になると脳への負担が増える」と述べられています。

同書のなかで紹介された実験によると、モニターに表示された点が1個、2個、3個のときは、人は瞬時に数を把握できるのですが、4つ以上になると急に反応が遅くなるそうです。脳の仕組みという観点からも、イエス・ノーゲームでシンプルにものを考えるのは理に適《かな》っているのでしょう。

ときおり「選択肢が多すぎて、いつも考えるのに時間がかかってしまう」と悩んでいる人がいますが、脳への負担が大きい状態で物事を判断しようとしているのですから、時間がかかるのは当然です。

僕は、このような脳の仕組みについて学ぶのが大好きです。脳の仕組みを知れば、自分がどうすれば気持ちよく生きていけるか、効率的に頭を働かせるにはどうすればいいのか、などといったことがわかります。現在の生活に悩みや不安を感じている人は、脳科学の本を読んでみると解決の糸口が見つかるかもしれません。池谷先生の本は、どれも明快でかつおもしろいのでオススメです。

世の中はすべてトレードオフ

イエス・ノーゲームでどちらかを選択したあとで、「ああ、やはりあのとき、別の選択肢を選んだほうが良かったかも……」と後悔する人がいるかもしれません。

僕自身は「終わったことは後悔しても仕方がない」と考えるタイプなので、後悔するぐらいなら、別のことに時間を割いたほうがいいと思っています。どうしても後悔してしまう人は、「世の中はすべてがトレードオフで、何かを選ぶことは、別の何かを諦めることである」と発想を切り替えてみたらいいのではないでしょうか。

たとえば僕の場合、ライフネット生命を起業するときに、「大好きな旅行や映画、観劇に行くこと」を諦めました。大組織の一員であれば自分の代わりはいくらでもいるので、本人次第でかなり自由に休むことができます。実際、僕も前職時代は、旅に出るため、盆と正月に2週間程度のまとまった休暇を取っていました。休暇を申請するとき、上司は不機嫌そうでしたが、僕がオフィスにいなくてもとくに問題は生じませんでした。

ところが、ライフネット生命を開業してからは、そうはいかなくなりました。なぜなら、トップの僕が数週間も会社を不在にしていれば、会社の業務が滞るからです。

もっとも、組織のトップは最終的な決断をする人間、最後の責任を負わなければならない人間ですから、自由な時間がないのは当然のこと。それだけ、やりがいのある仕事をやらせてもらっているのですから、文句は言えません。古今東西、ベンチャー経営者には原則として公私がないのです。

いまも友人から、「あれほど好きだった旅行に行けないのはつらくないですか？」と尋ねられることがあります。しかし、ライフネット生命のような「ベンチャー企業を立ち上げて、成長させること」は「長期の休みを取ること」とトレードオフだと考えているので、まったく後悔はありません。それは起業する前からわかっていた、当たり前の「ファクト」なのです。

小説家で中国文学者でもあった高橋和巳《かずみ》さんに伺った話があります。

9世紀に活躍した晩唐の大詩人・李商隠《りしょういん》は中国全土を旅していたのですが、彼は分かれ道に直面するたび、いつもさめざめと泣いていました。ある土地の人が泣いている彼に対して、「なぜ泣いているのですか？　何か悲しいことでもあったのですか？」と尋ねたところ、李商隠は「いま、私は岐路に差し掛かっています。どちらかの道を進めば、もう一方の道を歩くことは一生できないでしょう。私はそれが悲しくて泣いているのです」と答えたそうです。

笑い話のように聞こえるかもしれませんが、「決断したあとに後悔すること」は李商隠の悲しみと同じ類《たぐ》いのものなのです。「一方を選ぶこと」と「一方を諦めること」はトレードオフの関係、常にセットになっていると心に刻んでください。

話を広げれば、「税金」についても同じことがいえます。

「税金は安いのと高いとのでは、どちらがいいですか？」と聞かれたら、みなさんはもちろん「安いほうがいい」と答えます。でも、税金をいまのまま安く維持するということは、少子高齢化が進んで経済成長率が低下していく状況下では、国の借金をさらに増やし社会保障を劣化させることと同意です。「税金が安くなり」かつ「社会保障が充実する」などということは、どの世界にもあり得ないことなのです。

政治家のような「人々に選択を迫る立場」にある人間は、保身のために甘い言葉を並べたり、都合のいい論考を口にしたりするようなことは、厳に慎まなければなりません。相手にAとBのどちらかの選択を迫るのなら、それぞれを選択することで得られることと、失うことをフェアに明示してから選ばせるべきだと、僕は考えています。それを怠るのは、単なる無責任以外の何物でもありません。世の中はすべてがトレードオフなのです。

土俵を整理する

これまで述べてきたように、複雑な問題を解決するときや重要な決断をするときほど、物事を丁寧に分析して要点を絞り、シンプルに本質を捉えなければいけません。人間の脳はとかくいろいろなことを考えすぎてしまう性質がありますから、イエス・ノーゲームを使ってシンプルに考えることが大切です。もちろんその際には、数字・ファクト・ロジックに基づいて事象を正確に捉えないと、間違った判断をしてしまう可能性があります。

たとえば、甲子園の常連校に通うA君という高校球児がいたとしましょう。

彼は幼いころから甲子園に出場することが夢で、高校では誰よりも真面目に部活動に取り組んできました。ところがある日、別の高校から転校してきたB君が野球部に入部してきます。B君はアルバイトやデートのために部活動をサボることもありましたが、野球のセンスは人一倍優れていたので、入部まもなくレギュラーとなり、試合で活躍します。それを見たA君は、「真面目に努力してもバカバカしいだけだ」と考えて、次第に練習をサボるようになりました。そして最終的には、A君は万年補欠のまま高校生活を終えたのでした。

これはあくまで僕が考えたフィクションですが、A君は非常にもったいないことをしたと思います。なぜなら「A君の甲子園に出場する夢」と「B君がA君より野球のセンスに優れていたこと」とはまったく別の問題だからです。別の表現をするなら、土俵が違うということです。

人間はみな、顔の造作も、身体《からだ》のサイズも、持っている資質も違います。ですから人間の能力に差があるのは当たり前のことです。しかし、能力の差があるからといって、長年目標にしてきた甲子園の夢を捨てるのはいただけません。なぜなら、別にB君より野球のセンスがなかったとしても、そのまま練習を続けていればA君もレギュラーになっていたかもしれないのです。A君とB君がチームで活躍し合うことで、甲子園でより上に勝ち上がっていけたかもしれません。もちろん、すべては可能性の話でしかありませんが、諦めてしまえば、その時点で夢が叶う可能性はゼロになります。A君が「真面目に練習をするなんてバカバカしい」と判断したのは、大失敗だったのではないでしょうか。

ここでは理解がしやすいように、僕の考えたシナリオを使って説明しましたが、実際の社会でもA君のように、課題に対して「土俵の整理」ができないがために、判断を誤るケースが数多く見られます。

仕事でも同じです。所属する営業部に自分よりも遥《はる》かに才能があって、成績が常にトップの同期の社員がいたとします。そこで、あなたが選べる道はふたつ。シンプルに考えれば、選択肢は「彼には勝てないと諦めて自分はほどほどに仕事をする」か、「彼を少しでも真似《まね》して、自分も営業成績を上げられるよう努力する」かのどちらかでしょう。そして、ロジカルに考えたら、会社員にとってのミッションは「いい結果を残すこと」ですから、当然選ぶべき選択は後者です。しかし、現実には前者のような選択をしてしまい、そのままクサってしまってやる気を失う人が少なくありません。感情に流されて、間違った選択をしないためにも、「土俵の整理」は非常に重要なのです。

常識を捨てる能力

人間の物の見方は、自分が思っている以上にメディアの発信する情報や、世間の常識に影響を受けています。

たとえば「待機児童問題」と聞くと、みなさんはどんなイメージを持たれるでしょうか。多くの方は、日々見聞きするニュースから、「解決するのがなかなか難しい社会問題」という印象を持たれていると思います。

一方、フランス人である僕の友人は「待機児童問題は、政府のやる気次第ですぐに解決できる問題だ」と言っています。彼の考えは「教室や先生の数が足りないという理由で、小学1年生を待機させたケースはひとつもない。それは、義務教育として法律で規定されているからだ。それと同じように、保育所も義務保育にしてしまえば、あっという間に問題は解決する」というものでした。彼の話を聞いたとき、「たしかにそうだな」と目から鱗《うろこ》が落ちました。

このフランス人のように「それまでの社会慣習や常識に縛られず、率直に物事を見て、自分の頭で考える」姿勢はとても大切です。必要なのは「常識を捨てる」こと。そのためには、まず「問題の原点」から考えるクセをつけなければいけません。

第1章で、介護に関する諸問題は、定年制の廃止で解消されると述べました。これも、問題の原点から素直に考えた結論です。平均寿命と健康寿命の差を少なくすることが課題であると定義し、「健康寿命を延ばすにはどうすればいいか」という問題の原点から考えていけば、「定年制の廃止」以外の解決法はないのです。

みなさんは「また非常識なことを」と笑われるかもしれません。しかし、物事の本質を見極め、課題を明確にしなければ、何事も本当の意味では解決しないのです。「介護の給付を増やします」「定年の延長を企業にお願いします」では、一時しのぎにしかなりません。問題を先送りすることは、本当の解決ではないのです。

数字・ファクト・ロジックの確たる後ろ盾があれば、常識に縛られる必要などどこにもありません。常識を捨て、澄んだ目で物事の本質を見極める。そのことを常に念頭に置いてください。

ラディカルと過激は違う

定年制の廃止など、常識にとらわれずに発信する僕を見て、ある人から「出口さんは、ラディカルに物事を考えられる人ですね」と評されたことがあります。

ラディカルはもともとラテン語で「根」を意味する「radix」という言葉から派生して

いるので、「根本的」「根源的」という意味が原義に近い。僕の解釈では、常識を捨て去って、物事を原点まで（根っこまで）掘り下げたうえで、本質的な解決を目指してロジックを構築していくこと――それが「ラディカル」だと考えています。

ただ、メディアやSNSを見ていると、「ラディカル＝過激、あるいは刺激的」という意味で使われているケースも多々あると思います。

2016年6月に舛添要一《ますぞえよういち》東京都知事（当時）が辞任を発表した際、あるテレビのコメンテーターが、「多く見積もっても、舛添要一氏は税金を1000万円程度しか不正使用していない。でも、新しい都知事を選ぶには、46億円もの膨大なコストをかけて選挙を実施しなければならない。それこそ税金の無駄遣い。こんなことを続ければ、この国は滅びてしまう」といった内容の発言をして、ネットでも賛否両論が巻き起こりました。

そうした刺激的な発言に共感した人、感心した人もいるかもしれません。しかし、この発言は、ラディカルとはおよそ対極にある、単なる過激な思い付きの意見だと思います。

選挙に多額の税金が投入されるのは、民主主義を正常に機能させるためのコストです。もし「選挙にかかる税金がもったいないから、続投させよう」ということになったら、それこそ民主主義の原点が問われます。都庁で働く15万人を超える職員の士気もガタ落ちでしょう。そちらのほうが、長い目で見ると46億円のコストよりも大損失ではないでしょうか。

テレビ番組のコメンテーターは目立ったもの勝ちです。おそらく、そのコメンテーターが刺激的な発言をしたのも、「独創的な意見を言えば、注目されるのではないか」とソロバンを弾《はじ》いたのでしょう。それは、ラディカルでもなんでもなく、ただの過激なアジテーション（煽動《せんどう》）にすぎません。

どうかみなさんは「ラディカル」をただの「過激さ」と見誤らないようにしてください。

ラディカル思考のススメ

前職時代に、とても優秀な若手社員がいました。会社も彼には期待していて、会社のお金でアメリカ留学に出しました。ところが帰国直後、彼は「会社を辞めたい」と申し出てきたのです。

彼は僕を慕ってくれていたので、人事部が「どうか彼を慰留してほしい」と依頼してきました。

僕が彼に頭を下げて、「頼むから会社に残ってくれ」と情に訴えかければ、考え直してもらえる可能性はゼロではなかったかもしれません。それぐらいの信頼関係を築いてきた自負はありました。しかし、それが本当に「正しい選択」なのかどうか疑問に思った僕は、「責任を持って、彼に残留を依頼することができる条件」を考えてみました。すると、条件はふたつしかないことに気がつきました。「僕が彼より長生きすること」と「僕の社長就任が決まっていること」のふたつです。つまり、「この会社にいるあいだは、ずっと僕が面倒を見る」と彼に約束するためには、この2条件が必要不可欠なのです。

しかし、彼のほうがずっと若いのですから、彼が長生きする可能性のほうが高い。そして、当時30代前半の僕が社長になるかどうかなどわかるはずがありません。要するに僕は彼を引き留める基本的な条件を持っていなかったのです。

人事部には「すみません。引き留めてみたのですが、彼の意志は固かったです」と報告しておきました。

彼はその後、テレビ業界に転職し、いまは独立して、ドラマや映画の監督、プロデューサーとして大活躍しています。

判断に迷ったり、結論に困ったりするときほど、物事の根っこを掘り下げて考えてみることが大切です。ラディカルに課題と正面から向き合えば、必ず解決の糸口が見えてくるし、失敗することも少なくなります。

「人・本・旅」でインプット

問題を原点から見据えて、ラディカルに解決策を導くためには、思索するための材料となる情報のインプットが必要です。

では、人はどのようにして情報をインプットするのでしょうか。それは間違いなく「人・本・旅」です。たくさん人に会い、たくさん本を読み、いろいろな現場に出掛けて体験を重ねることで、人は情報を蓄積するのです。

まずは「人から学ぶ」方法について説明していきましょう。

人間誰しも、優れた人に会っていろいろと学びたい気持ちを持っていることにかわりはありません。「人から学ぶ」を言い換えれば、「どうすれば優れた人に出会えるだろう」ということになります。その答えはごく簡単で、「それがわかったら、人生苦労はないよ」というもの。そうであれば、「まずＹＥＳ」を心掛けることしかありません。

誰かに誘われたり、興味を覚えたりしたら、まず出掛けてみることです。そして、行ったところがつまらない会合や講演会であれば、すぐに席を立って帰ればいいだけのこと。ダメでもともとです。「まずＹＥＳ」の気持ちがなければ、人との出会いはずいぶんと貧しいものになりそうな気がします。

巷《ちまた》に溢《あふ》れるビジネス書や自己啓発書の類いには、「人脈はどんどん広げるべき」といった内容が書かれています。その手の本はほとんど参考にしないのですが、たしかに人との繋《つな》がりは人生を豊かにしてくれるので、その意味で反対ではありません。ただ、漫然と人脈を広げても仕方がありません。人付き合いにも、自分なりに最低限のルールを設けるほうがいいでしょう。

僕は基本的に「その人がおもしろいかどうか」で付き合う相手を選んでいます。考え方がユニークで、興味を惹《ひ》かれる人であれば、積極的に付き合って親交を深めていけばいいし、取り立てて惹かれるところのない人であれば、ご近所付き合い程度で十分でしょう。

人と会う時間も、お互いが楽しくなければ時間の無駄ですから。

ビジネスパーソンであれば、自分の勤める職場のなかで、「この人はおもしろい」と思える上司や先輩がいたら、ぜひ仕事だけではなくプライベートの時間まで付き合ってみることをおすすめします。

僕の場合、たとえば前職の上司だった森口昌司さんがそうでした。初めてお会いしたのは、僕が社会人4～5年目、20代後半のころです。僕よりも10歳年長の森口さんは、麻雀では負け知らず、ゴルフはシングルプレイヤー、囲碁は7段という、目を見張るようなカッコいい人でした。

職場には遅い時間に出勤してきて、さっさと仕事を片付けたらすぐ麻雀に行ってしまう。職場にいる時間がものすごく短いのです。では、職場にいるときはバリバリ働いているかというと、そうでもない。緊急の案件があっても、部下を呼んで、「この案件はこういう方針で臨むから、こういうアウトプットが欲しい」と的確な指示を出し、あとは居眠りしたりしている。そして、仕事が終わる時間になると、僕たちの作ったアウトプットをサッと確認し、「おぉ、ええ感じで片付いたやないか。おつかれさん。それじゃあメシを奢《おご》ってやろう。でも、どうせメシを食うならレストランでも雀荘でも同じやな。打ちながらでも食えるやろ」と、今度は僕たちを雀荘に連れていくのです。

こう話すと、「とんでもない上司」のように思う人がいるかもしれませんが、僕は森口さんの下にいて、本当に働きやすかった。というのも、彼は部下一人ひとりの能力をよく把握していて、上手に仕事を差配するのです。そして、何よりも無駄を嫌いました。

当時は、いまよりも「オフィスに遅くまで残っている人間が偉い」とか「オフィスにいるあいだは常に真面目に振る舞わなければいけない」といった風潮が強い時代でした。だからこそ、森口さんのような型破りな存在と出会ったことは、僕の人生のなかで大きな衝撃でした。職場には森口さんを批判する人もいましたが、結果を残しているので誰も文句を言えません。最後は専務取締役まで務められました。

森口さんの生き様を見て、「人間は遊ぶことに幸せを感じる生き物である。だから、幸せに生きたければ、仕事を効率良くこなさなければならない。そのためには、集中力を上げて取り掛からないといけない」ということを学びました。この考え方はいまでも変わりません。

森口さんのように身近な存在から、自分が真似したくなるようなロールモデルを見つけると、実地体験を通じていろいろなことが学べます。

ちなみに、森口さんは現在、引退されて大阪で悠々自適の生活を送っておられます。いまでも僕のことをかわいがってくださって、大阪に行くと、「おい出口、飲みに行こう。かわいいオネーサンがいる店を見つけたんや」などと誘ってくれます。まったく枯れていません。最初に出会ったころと比べて僕も森口さんもかなり歳をとってしまいましたが（すでに80近いお歳です）、この関係は生涯変わらないと思います。

ライバルや恋人がいるから成長する

真似をしたくなるロールモデルを見つけるだけではなく、身近なところからライバルを見つけることも自身の成長の一助になります。

僕自身、負けず嫌いな性分もあって、若いころは自分よりいろいろな物事を知っている人に対して、常に対抗心を燃やし、追い越せるよう努力していました。

僕が京都大学に入学した1960年代後半は、ちょうど全共闘運動が真っ盛りの時代でした。都会の高校から入学してきた学友は、みんな高校時代にマルクスやトロツキーをしっかりと読み込んでいました。でも、田舎育ちでノンビリと過ごしてきた僕は、読書量ではけっして負けてはいなかったものの、文学作品が中心で、ロシア革命や、共産主義などに関連する本はほとんど読んでいませんでした。思い返せば、そういう本は高校の図書館にそれほど置かれていなかったような気がします。

大学のクラス飲み会などで議論が始まると、「出口はマルクスをきちんと読んだことがないのか」とバカにされたものです。

そんなことが何度か続くうちに、さすがに悔しくなったので、僕は彼らが読んでいるであろう本を読み尽くしました。数ヵ月もすると、彼らの読書量を上回って、議論の場で「なんだよ、この本をまだ読んでいないのか」と言い返せるようになりました。いま振り返ってみると、若気の至りそのもので、まことに大人げなかったと思いますが……。

ライバルだけではなく、恋人をつくるときも同じです。たとえば、ジャズが好きな素敵な人がいたとしましょう。人間、誰しも深い関係を結びたい相手とは、対等に話したいと思うはずです。だから、おそらくデートする前には、一所懸命ジャズのＣＤを聴き込んだり、ジャズにまつわる本を読んだりするでしょう。

誰かに「負けたくない」「近づきたい」という願望は、学ぶことに対する強いモチベーションに繋がるのです。

古典から学ぶ

「人・本・旅」のなかで、最も効率的にインプットできるツールが本です。本は人や旅と違って、お金や時間などのコストがかかりませんし、時間軸や空間軸を超えて、さまざまな事象を学ぶことが可能です。また、「人」と違って、優れた本を見分けることも、比較的簡単です。

まず、数ある本のなかで何から読めばいいのでしょうか。僕は「古典」がいちばんだと考えています。僕の考える古典の定義は、「歴史・哲学・思想・科学・文学など、これまで人類が創造し、探求してきた知の成果として、世界中の人々に長く読み継がれ、今日まで残ってきた書物」といったところでしょうか。簡単にいえば、岩波文庫や平凡社の東洋文庫に入っているような本ということになるかもしれません。長いあいだ、世界中のマーケットの洗礼を受けながら生き残ってきた古典は、無条件に素晴らしいといえます。

1冊の古典は、100冊のビジネス書に勝ります。たとえば経済学であれば、「経済学が1日でわかる」などといったタイトルのビジネス書よりも、前述したようにアダム・スミスの『国富論』のほうが圧倒的に学べることが多いと思います。

古典を読むときのコツは、精読に限ると思います。250年前の人であるスミスが、当時の数字（データ）やファクトから、どのようにロジックを積み上げて、市場経済という概念（コンセプト）を考え出したのか。スミスという人並み優れた頭脳の思考のプロセスを、丁寧に追体験していくことを通じて、初めて僕たちの思考力が鍛えられるのです。

僕が本を選ぶときの大原則は「読みたいと思った本から、迷わず読むべし」というもの。古典を選ぶ際も、たとえば書店でタイトルを目で追い、「これはおもしろそうだな」と興味を少しでもそそられたものを数冊手に取って、最初の10ページほどを読み込み、おもしろければ即購入していきます。

初めて古典に挑戦するときのコツは、「なるべく薄い本を選ぶ」こと。古典は読み応えがあるので、いきなり分厚い本を選んでしまうと、途中で挫折する可能性が高いからです。

薄い古典を1冊読破したら、そして、おもしろいと感じたら、次は同じ著者の別の本や、同じジャンルの別の著者の本に手を伸ばしてみるのがいいでしょう。

最近は「教養ブーム」のおかげか、古典のコミカライズ（漫画）版や、ダイジェスト版を書店で見かけるようになりました。普段読書をする習慣がない人や、若い人であれば、原典をわかりやすく要約した本から挑戦してみるのもいいと思います。ただし、1点だけ知っておいてほしいことがあります。

あなたは「イチローがバッティングについて書いた本」と「無名のコーチがイチローのバッティングについて書いた本」の、どちらがためになると思いますか？　おそらく、大半の人が「イチローが書いた本」と答えるはずです。古典を平易に要約した本や、安直な解説書は、一般的には著者よりも能力の低い人が書いているケースが大半です。

もし解説書から入るのであれば、僕は岩波書店が出している「書物誕生」シリーズから選ぶことをおすすめします。

みなさんが「古典は難しい」と感じるのは、その古典が生まれた時代背景などを十分理解していないために、「何を語っているのかがわからない」「どうしてこういう展開になるのかがわからない」という事態に陥ることが、大きな原因です。「書物誕生」シリーズは、その古典が生まれた時代背景や経緯がきちんと描かれています。全30巻出される予定の「書物誕生」シリーズのなかから、まずは興味を持ったものを選んでみましょう。そこに書いてある内容がおもしろければ、次は原典に挑戦してみるといい。いきなり原典に当たるより、グンと読みやすくなること請け合いです。

また、昔は「漫画ばかり読むとバカになる」といった風潮がありましたが、いまは「有益な情報や知識が得られる」と評価されている優れた漫画作品がたくさんあります。

たとえば、ローマ帝国について理解したいのなら、ヤマザキマリさんの『テルマエ・ロマエ』（エンターブレイン）や、とり・みきさんと共同で制作されている『プリニウス』（新潮社）がおすすめです。個人的には、塩野七生《ななみ》さんの『ローマ人の物語』（新潮社）に匹敵する内容だと思っています。

また、日本の歴史について学びたいのなら、みなもと太郎さんの『風雲児たち』（リイド社）などもおすすめです。

新聞は「書評欄」を読め

書店や図書館に行けば、新刊が山のように積まれており、普段、あまり馴染みがない人にとっては、どれが読むべき本なのか、見極めるのは困難です。

新刊のなかから「おもしろい本」を見つける方法として、いちばん簡単なのは、「新聞の書評欄」を活用すること。第1章で新聞の質の低下を述べましたが、書評欄は別格です。すべての新聞記事のなかで、最も質が高いコーナーだといってもけっして過言ではありません。

というのも、書評欄で紹介される本は、その道の専門家である大学の先生や識者のみなさんが、自分のレピュテーション（評判、評価）を懸けて選んでいるものだからです。もし「つまらない本」や「中身のない本」を選んでしまった場合、全国の読者や同業者から「ああ、この先生は、本当はものを知らないんだな」と見なされ、評判を落とすことになりかねません。

新聞の書評欄は、だいたい10〜20分ほどで読み通すことができます。また、いまはインターネットでも紙面で紹介された書評を読むことができます。もし読みたい本が見つからない、何を読めばいいかわからないといった場合には、ぜひ各新聞の書評欄を参考にしてみてください。

ちなみに、最近はネットやアプリで閲覧できるレビューを参考にして、本やレストランなどを選ぶ人が多いそうですが、僕はあまりいい方法だとは思いません。ネットのレビューは基本的には匿名なので、正直なところ、読んでも仕方がないレベルのものがとても多いと感じています。ネットでよく見かける書き飛ばしたようなレビューを参考にするよりも、一定の信頼性を備えた媒体——本なら新聞の書評欄、レストランなら『ミシュランガイド』など——から情報を得るほうが、はるかに賢明だと思います。

ところで、本を買うお金や、本を収納するスペースについて悩まれているみなさんも多いことでしょう。僕も以前は「読みたい本があれば、すべて購入する」派だったので、部屋中に本が溢れていました。地震で部屋が揺れたり、ちょっと書棚に足をぶつけたりすると、大量の本が自分に降りかかってきて、押しつぶされてしまいそうになったこともありました。

そこで、いまは図書館も利用しています。ネットで、どの図書館にどの蔵書があるかは簡単に検索できますから、以前と比べて格段に利用しやすくなりました。

また、電子書籍の活用を検討してみるのもいいかもしれません。僕はもう半世紀以上も、紙の本に親しんできたので電子書籍はあまり得意ではありませんが、持ち運びが便利ですし、本の置き場所がない人には、とても有効なツールだと思います。

旅の魅力

旅は、人や本に比べればコストがかかりますが、旅からは五感で多くのことを全体的に学べるのが大きな魅力です。

たとえば、本でピラミッドの大きさや歴史を知ることはできても、その土地の匂いや砂漠の熱気、肉眼で見たときのピラミッドの圧倒的なサイズや石の感触などは、現地に出向かなければ感じ取ることができません。まさに「百聞は一見に如《し》かず」です。

人間は五感で情報を得ています。時間やお金が許す限り、興味を持った国や気になっている街に出かけてみてください。国内でも海外でも、現地で五感を駆使して吸収した情報は必ずみなさんに多大な学びをもたらしてくれます。

よく「旅行に行くなら、どこがおすすめですか？」と質問されるのですが、これは簡単には答えることができません。地球上には、魅力的な場所がたくさんありますし、ひとりで行くのか恋人と行くのかでは答えが違ってくるからです。

ただ、どうしてもひとつ挙げてほしいといわれたら、ひとり旅の場合なら、中東のイスラエルにあるエルサレムを推薦したいですね。エルサレムは、ユダヤ教、キリスト教、イスラム教という三大宗教の「聖地」です。約1キロメートル四方の城壁で囲まれた旧市街には、ユダヤ教徒にとっての「嘆きの壁」が、キリスト教徒にとっての「聖墳墓教会」が、そしてイスラム教徒にとっての「アル＝アクサー・モスク」や「岩のドーム」があります。

狭い土地のなかで3つの宗教の聖地が混在しているわけですから、歴史や宗教に少しでも興味がある人なら、きっと楽しめること請け合いです。楽しさ、おもしろさは学びの最大のモチベーション。きっと思索が深まって、世界が広がることでしょう。

「旅」といわれると、どうしても観光やバカンスといった華やかな旅行をイメージしがちです。しかし、僕は身近なところにも常に「旅」があると考えています。

たとえば、僕は31歳のころに日本興業銀行に1年間出向し、銀行員としてアナリストの仕事をしていました。当時の上司からは、「BS（バランスシート）やPL（損益計算書）、キャッシュフロー表を見ていても企業のこと、業界のことはわからない。現場の工場に足を運んで、そこで働く人たちの表情を見て、機械がどう動いているかを観察してきなさい」とアドバイスを受けたのです。そして実際、現場に行ってみると勉強になることばかり。資料やレポートで読んでいた施設や機械が目の前にあって、実際に動いている姿は感動的ですらありました。実物を肉眼で見て、熱気を肌で感じ、音を耳にしたことで、その企業のダイナミズムのようなものを実感することができ、自分が携わっている仕事への理解もいっそう深まりました。

人・本・旅の3つから得られる情報は、みなさんの「考える力」を確実に伸ばしてくれます。人間はいつであっても「いま、この瞬間がいちばん若い」わけですから、思い立ったが吉日で、今日からでもぜひ実践してみてください。明日に延ばせば、みなさんは1日歳をとることになるのです。

頭のなかの引き出しを整理する

さて、ここまでは人・本・旅からインプットすることの重要性について述べてきました。最後は「インプットした情報を、自分の頭に定着させる方法」について説明しましょう。

以前、ある人から「本や人から情報をインプットしても、いざというときに思い出せなかったり、活用できなかったりして困っている」と相談を受けたことがあります。たしかに、せっかくインプットした情報を、仕事や日常生活で活用できないのは、もったいないことです。

じつは、情報を頭に定着させ、いつでもすぐに引っ張り出せるようにする方法は非常に簡単なのですが、それを説明する前に、少しだけ脳の仕組みについて話させてください。

人間の脳には膨大な数の引き出しがあります。そこには、過去の記憶や、以前獲得した情報がたくさんしまわれています。でも、あまりにも引き出しの数が多すぎて、どこにしまったのか、わからなくなってしまうことがあります。頻繁に開けている引き出しの場所はよく覚えていますが、滅多に開けないところや、しまったきり一度も開けたことがない引き出しの場所は「あれ、どこだっけ?」ととっさに思い出すことができません。これが、いざというときに、必要な情報を取り出せない状態です。

よく「昔のことは、忘れてしまったよ」という人がいますが、それは忘れてしまったというより、引き出しの場所がわからなくなった、と捉えるほうが正しいのかもしれません。

このとき、ちょっとしたヒントや、関連するキーワードを与えられると、忘れていたはずの記憶が思い出されたりしますね。もう何十年も前の記憶で、すっかり忘れていたと思っていた道順を現地に行ったら突然思い出したり、小学校時代のクラスメイトの名前を聞いた瞬間に、その子と一緒に遊んでいたときの記憶や、ほかの友だちの名前を思い出したりした経験は、誰にもあるはずです。

つまり、引き出しの場所を忘れないようにするためには、頻繁に開け閉めするほかに、情報を再構成して引き出しやすい状態に整理しておくといいのです。

茫漠《ぼうばく》とした「印象」ではなく、母語できちんと言語化した「情報」として脳にしまっておくと、引き出しやすさは格段に向上します。脳に記憶や情報を定着させることは、記憶や情報を母語で言語化して整理することだと言い換えてもいいでしょう。

たとえば、友人と映画を見たあとに、喫茶店で映画の感想について、30分ほど語り合ったとしましょう。すると、その映画の内容は、おそらくほぼ完璧に覚えてしまいます。なぜかというと、情報をインプットした直後に自分の感動したところを、友人に伝わるように自分の頭のなかで整理し、情報を再構成したうえで、母語で言語化しているからです。

一方、ひとりで部屋のソファに寝っ転がって、お酒を飲みながら観た映画の場合、情報をまったく整理していないので記憶に残らず、数年後にまた同じ映画のＤＶＤを借りてきてしまったりします。

人間は言葉を使って物事を考え、多くの情報を言葉で記憶しています。だから、記憶を定着させるためには、情報をインプットした直後に、友人に話しまくるのがいちばんだと思います。僕も、何かおもしろいことを見聞きしたときには、よく秘書や部下に「さっき電車に乗っていたら、こんなことがあったよ」「いま読んでいる本におもしろいことが書かれていて……」といった調子で、喋《しゃべ》りまくっています。彼らは内心「またか」と迷惑しているかもしれませんが、おかげで僕はいろいろなことを忘れずに済んでいます。

しかしながら、なかにはひとり暮らしで、家に帰ってからは話し相手がいない人や、他人と話すことがあまり得意ではない人もいると思います。その場合は、「話す」のではなく「書く」ことで記憶の定着化を目指しましょう。

同じ書くのであれば、日記よりもブログやSNSなどをおすすめします。自分だけしか読まない日記だと、どうしてもメモや箇条書きのような形式で書いてしまうので、記憶に残りにくい。一方、ブログやSNSだと、他者に読まれることを意識するので、自分の思いが伝わりやすいよう、わかりやすく書こうとするインセンティブが働きます。わかりやすく書くためには、一度インプットした情報を、自分の頭のなかで、自分の言葉で再構成しなければなりません。再構成しながら文章を書いているうちに、情報が自分の頭のなかに定着していくわけです。

「人・本・旅からインプットする」

「インプットした情報は、直後に他者に伝える（発信する）ことで整理する」

これらを習慣にするだけで、知識量は累乗的に増えていき、考える力はさらに向上していくことでしょう。要するに、インプットとアウトプット（言語化）は、セットだと考えるのがいちばんいいのです。

第4章

怠け癖には「仕組み化」

人間はみんなアホであり、チョボチョボである

僕がしつこいくらいに「人・本・旅から学ぼう」「自分の頭で考え抜くことを習慣にして、勉強を積み重ねよう」「考えたり、判断したりするときに信用できるものは〝数字・ファクト・ロジック〟のみだ」と繰り返すのには、理由があります。

「人間はみんなアホであり、チョボチョボである」

そう捉えているからです。これは、僕の揺らぐことのない信念であり、人間観の核になっている視点です。

人は本質的に、面倒くさがり屋で、安易なほうに流されて、すぐに怠けてしまう生き物です。同じ失敗を繰り返してもなかなか学習せず、忘れっぽくて、目先の楽しいことに引きずられて、問題を先送りし、後悔を繰り返しています。

さんざんな物言いですが、人間なんて、所詮はそんなもの。人類の歴史を振り返ってみ

ても、愚策のせいで痛い目を見たり、過去に犯した失敗を性懲《しょうこ》りもなくまた繰り返したり……そのようなことの連続です。どう取り繕ったところで、それは「ファクト」ですから、やはり人間は、アホな生き物だと思わざるを得ません。

しかしその一方で、人間はラン&テストを何度も何度も繰り返しながら、少しずつ知恵を蓄えてきたのも、また事実です。折々に「自分たちはこんな失敗を犯したのだから、次は失敗しないようにしなければ。そのためには、どうすればいいだろう」と、真剣に考える人がいたから、社会は成長することができたのだと、僕は考えています。

人間は、アホな動物です。でも、その前提がわかっていれば、アホである人間が同じ失敗を犯さないよう対策を講じることができます。アホなりに考えればいいのです。考えて、考えて、考え抜く。自分のアタマで考え、自分の言葉で意見が述べられるように勉強を重ねる。「人間は考える葦《あし》」なのですから、考えることさえ怠らなければ、きっと、より良い未来をつくり出すことができる——。僕はそう信じています。

だから僕は本来的な意味で保守主義者であって、エドマンド・バークに心酔しているのです。「近代保守主義の父」として知られ、『フランス革命の省察』（訳・半澤孝麿、みすず書房）を著したバークについては、さまざまな資料が手に入りますから、そちらを参照していただくとして、僕がバークに心酔しているのは人間の理性、つまり賢さを信じないからです。

アホな人間が頭で考え出したものなどは、およそ信頼するに足りないと考えています。長いあいだ続いてきた慣行や制度などはとくに目に付く問題がなければそのまま正しいと〝仮置き〟して踏襲すればいいし、問題があればその部分だけ手直しして使い続ければいい。

タテ（昔の人はどうしていたか）、ヨコ（世界の人はどうしているか）をよく眺めて、人類がこれまで築いてきた知恵（法制度や社会慣行など）を学び、いいものはそのまま真似《まね》をすればいいのです。

〝チョボチョボ〟とは何か

次に、「人間はみんなチョボチョボである」という視点についてです。

関西圏の方なら耳慣れた言葉かもしれませんが、「チョボチョボ」とは「大差ない」「似たり寄ったり」「どっちもどっち」といった意味です。人間は、基本的にはみんなアホですし、他人より賢いといっても、5倍も10倍も能力差があるわけではありません。向き・不向きといった適性の差や、体格や筋力の違いなどから運動能力の差が生じたりすることはありますが、結局はみんな同じホモサピエンスという動物です。全体で均《なら》してしまえば、突出して優れた人もいなければ、極端に劣っている人もいない。つまり、チョボチョボ。それが、僕の基本認識です。

別に人間に対して悲観的になっているつもりはありません。「だから、いろいろなことを諦めろ」と言いたいわけでもありません。むしろ、みんながチョボチョボだからこそ、人間の社会はここまで成長したのだと思います。

人間は、群れで暮らす生き物です。群れで暮らすことで、個体の生存率を高め、種族として生き残ってきました。だから、ホモサピエンスの歴史を眺めれば、子育てについても集団保育のほうが、むしろ自然なかたちであることがわかります。人間がたったひとりで、何もない状態でサバンナのど真ん中に放り出されでもしたら、ほとんどの人は3日と生きていられないでしょう。肉食動物に襲われるか、栄養不足や脱水症状で動けなくなるかして、それでおしまいです。

人類が滅びなかったのは、群れ全体で個体を支えてきたからです。そして個体もそれぞれが群れに貢献することで、群れ全体のレベルを高め、集団の生存率を上げていきました。言語の発達が、群れを大きくすることに役立ちました。別の見方をするなら、どんなに能力の傑出した個人が数名いたところで、何千人、何万人という集団を扱うことはできないということです。一騎当千——ひとりで大勢の敵に打ち勝つほど強い——というのは伝説のなかだけの話。仮に現実で一騎当千ができたように見えたとしても、それはある限定された局面で、一時的に目立つ働きをした、という程度のことでしょう。

スポーツでも戦争でも、ひとりのエースに頼ってばかりいる集団は、そのエースが不調になったり、いなくなってしまったりすると、あっと言う間に転落していきます。会社組織や、日常生活のコミュニティでも基本はまったく同じです。

人間はチョボチョボですが、チョボチョボ同士で集まったからこそ、それぞれが力を合わせ、知恵を共有し、みんなで少しずつ成長しながら、総体としてのレベルを高めることができたのです。仮に人類のあいだに、どう頑張っても超えられないような、10倍、

100倍単位での圧倒的な能力差が存在していたら、大半の人は努力することを早々に諦め、おそらく集団は崩壊していたことでしょう。人類はここまでの繁栄を遂げられず、下手をしたらすでに滅んでいたかもしれません。人間は、みんながチョボチョボだからこそ世界に適応できたのです。

肝心なのは、チョボチョボであることを悲観したり、ささやかな差で相手を見下して、つまらない自尊心を煽《あお》ったりするのではなく、人間はみんながチョボチョボであることを互いに認め合って、それを前提に世の中のルールをつくっていくことなのです。

身近なロールモデルを見つける

チョボチョボである人間が成長するには、勉強を重ねて知恵を付け、自分の頭で考え抜くことのほか、身近にお手本となる人を見つけて、積極的にその人の真似をしていくことが効果的です。身近にロールモデルがいると、人はどんどん成長することができます。

僕の職業人としてのロールモデルのひとりは、前章で触れた、前職時代の上司・森口昌司さんです。森口さんからは、多大な影響を受けました。部下を持つたび、森口さんのような上司になれているかどうかを自問したもので、いまでも自分に問い続けています。

ものの見方や考え方ということでは、元日本銀行総裁で、現在はキヤノングローバル戦略研究所の理事長を務めておられる福井俊彦さんからも、非常に大きな影響を受けました。

僕は1990年代の初めに、住宅金融専門会社（住専）のひとつである、地銀生保住宅ローン（全国地方銀行協会と生命保険協会がつくった住専）の再建計画づくりに携わっていました。

あるときに、当時、日銀の理事だった福井さんと食事をする機会がありました。福井さんに、再建計画作りで難儀していますとお話ししたら、「地銀生保住宅ローンの再建、本当にできると思う？」と尋ねられました。僕は思わず「う～ん」と唸《うな》ったあと、「再建するためには、こういう数字をつくらなければいけない、ということはわかっています。大蔵省（当時）もその数字を了承してくれましたし、これで進めるほかないと思います。ただ、正直なところ、一担当者としては、この数字を実行するのは難しいのではないだろうかという気持ちがないわけではありません」と本音を吐露しました。

すると福井さんは「だったら、それを正直に話して、再建計画を潰せばいいじゃないか」と言われたのです。

「君は、一所懸命、知恵を絞っているんだろう？　そのうえで本音では、無理だと考えている。どうして無理だとわかっている計画を生かし続けているんだい。もっと素直に考えるべきだよ。生きられないものを無理やり生かしたところで、早晩倒れてしまう。だったら、早い段階で潰したほうがいいという考え方もあるんじゃないか」

目から鱗《うろこ》が落ちました。地銀生保住宅ローンは、両業界や行政のメンツもかかっているので、簡単には潰せない。僕はその前提で、社会常識に沿った、世間に一応は説明のつく数字をつくろうとしていたのです。でも、「それはおかしい」と福井さんに喝破されてしまった。もっと素直に、もっとラディカルに考えて、「この再建計画は無理です。潰したほうがいい」と、どうして正直に関係者に主張しなかったのだろう。僕は恥ずかしくなりました。

その後、地銀生保住宅ローンが破綻してしまうことになるのはご存じのとおりです。さまざまなしがらみや思惑《おもわく》があるにせよ、それにとらわれて物事の本質から目を背けるようなことがあってはならない――。福井さんからは、そのような姿勢を教えていただいたと思っています。

仕組みを上手につくる

すぐに怠けたり、間違ったりするのが人間本来の特性です。であれば、何か対策を講じる必要があります。

人間がアホで、チョボチョボであることを踏まえて、僕はたくさんの仕組みをあちこちにつくってしまうのが、最も効果的だと考えています。

「どうせ人間は間違えるのだから、間違えにくいような仕組みをつくっておこう」

「間違えたときには、リカバリーできる仕組みを用意しておこう」

「イヤでも怠けられないような仕組みを導入してしまおう」

といった調子です。

前に述べた、「TOEFL100以上のスコアを取ってこなければ、経団連に名を連ねる企業は採用面談を実施しない」というルールを導入してしまうのも、いうなれば仕組み化のひとつです。

人間が知恵を付けるには、インプットを増やすしかありません。であれば、強制的にアウトプットさせる仕組みを取り入れて、インプットせざるを得ない状態をつくってしまうのが、最も効率がいい。「TOEFLのスコア100」は、いわばアウトプットです。それを持っていないと面接すら受けられないとなれば、好きも嫌いもなく、学生はインプットするしかありません。前章でお話しした、記憶を定着させるために、他人に喋《しゃべ》りまくる、ブログやSNSに書く……というやり方も一種の仕組み化です。

前職で僕は部下によく論文を書かせていました。生命保険業界には『生命保険経営』という学術系の業界誌があるので、これに寄稿させるのです。「論文執筆は業務命令。テーマは自分で決めて構わないよ。何かあれば、相談にも乗るから」と、半ば強制的に、部下に書かせていました。

当然、部下のなかには「忙しいので、書けません」「どうして論文執筆まで強制されなければならないのですか」と断ったり、不平不満を口にしたりする者もいます。

そういう部下には、「論文を出すと、原稿料がもらえるぞ。自由に使えるお小遣いだ。ちょっといい店でお酒が飲めたり、うまいもんが食べられたりするぞ。趣味に使ってもいいな」と、まずは金銭的なメリットを訴えました。

さらに「人事部は勉強している人が好きだから、論文を出すだけで、君の評価が上がるかもしれないよ」とたたみかける。金銭的なメリットだけではなく、組織人の処世にも役立つというわけです。

そして最後に「論文を書けば、君はもっともっと賢くなれる。どんなにアホな内容でも、何も書かないよりは確実に知恵が増えるよ。アホのままより、少しでも賢くなれるほうがいいよな？」と、感情に訴えかけてみます。

このように説得すると、ほとんどの部下が「書きます！」と答えてくれました。

これらはすべて、インセンティブです。仕組みをうまく機能させるためには、インセンティブを効果的に採り入れることが大切になります。ただ単に「やれ！」と命令しても、人はなかなか動きません。しかし「これに取り組むと、こんなメリットがある」と説明されて腹に落ちれば、人は「じゃあ、頑張ってみるか」という気持ちになるもの。何より、知らないよりは知っていること、できないよりはできることが多いほうが、人生は確実に豊かになります。要は、人生の選択肢が増えるので、幸せになれる確率が上がるのです。

「幸せが多い人生と、少ない人生、どちらがいい？」と尋ねられたら、人はどちらを選ぶでしょうか。答えは言うまでもありません。

ひとつ、たとえ話をしましょう。みなさんはいまスキー場にいます。そして、みなさんはスキーが得意です。この場合、ふたつの楽しみ方があって、ひとつは「ガンガン滑る」こと、もうひとつは「滑っている人をボーッと見ている」ことです。みなさんはどちらが楽しいと思いますか。おそらく「ガンガン滑る」ほうを選ぶでしょう。

この話のミソは、スキーを学んだ人は２つの選択肢のどちらでも選ぶことができるが、学んでいない人は「見ている」しか選べないという点にあります。つまり、何かを学ぶということは、人生の選択肢をひとつ増やすということなのです。

スケジュールはいつもオープン

僕も、自分なりの仕組みを採り入れながら生活しています。

たとえば、趣味の読書では「読まない、という選択をする明確な理由がない本は、基本的に最初の５～10ページを丁寧に読み込んで、最後まで読むかどうかを決める」というルールを設けています。「この本、ちょっと気になるけれど、どうしよう。読もうかな、やめておこうかな」と悩む時間がもったいないからです。悩んでいる暇があるなら、そのぶん、1ページでも多く読書を進めるほうがいい。人と同じく、本との出合いも一期一会です。その出合いを逃してしまうと、もう二度と自分の人生に関わりが生じないかもしれません。であれば、その出合いを大切にして、まずは読んでみる。この仕組みを設けたことで、これまでの人生で素晴らしい本に数多く出合うことができました。

最近読んだおもしろい本については書評を残していますので、よかったらご覧ください(http://blogs.itmedia.co.jp/deguchiharuaki/)。

また、ライフネット生命では、僕のスケジュールはすべての社員に開示しています。そして、スケジュールに空いている時間があれば、社員は僕の許可を取る必要は一切なく、自由に予定を入れていいと宣言しています。会社中のみんなが、僕をいくらでもこき使えるわけです。

自分のペースでのんびりと仕事がしたいから、「自分に許可なく予定を入れてはならない」と宣言してしまえば、たしかに楽にはなるでしょう。でも、それは会長という立場上、やってはいけないことだと考えています。

僕がスケジュールをオープンにしているのは、怠けないようにするためではなく、会長という役職に忠実でありたいと思っているからです。会長は、組織における機能のひとつ。役員、部長、課長などといったすべての役職は、けっしてその組織における「偉さ」を示しているのではありません。役職は、その組織の機能なのです。会長の名刺を使ったり、会長が出席したほうが業務が効率的に進み、会社の利益に資すると社員が考えるのであれば、どんどん役席をこき使えばいい。そこに遠慮は無用です。

それに、スケジュールをオープンにして、勝手に予定が埋まっていく仕組みをつくってしまえば、僕も一つひとつの予定を確認して、やるか、やらないかを判断する必要がなくなります。自由にならない場面も増えますが、一方で楽にもなるのです。これも一種のトレードオフです。

ルールを決めてシンプルに判断

仕組みだ！　ルールだ！　などと言われると、窮屈に感じるかもしれません。

しかし、実際は逆です。仕組みやルールがあることによって、むしろ楽になることのほうが多いのです。いちいち判断をしたり、状況次第で対応を変えたりするのは、一見正しいようにも見えますが、大きな負担になります。その分、時間を無駄にしてしまったり、仕事が増えてしまったりする場合も少なくありません。仕組み化できることは、どんどん仕組み化してしまうべきです。

たとえば、僕は年下の人と飲んだり食べたりするときは、原則として奢《おご》ることに決めています。自分も年長者からずっと奢ってもらってきたので、今度は自分がご馳走《ちそう》する番だ。それが、自分に奢ってくれた年長者への恩返しだと考えているからです。もちろん、自分のお金で払います。昔、「今日は俺の奢りだ。じゃんじゃん飲め」と言ってくれた上司が、支払いのときに「会社名で領収書をください」と言っていたのを聞いて、興醒《きょうざ》めした記憶があるので、「自分は後輩には自分のお金で奢ることにしよう」と若いころから決めていました。

年下の人に奢ることは、年功序列型の日本企業で育った僕からすると、なんの違和感もないのですが、最近はスタッフから小言を言われたりしています。

「イマドキの若い世代は、奢ってもらうほうが負担に感じるものなんです。割り勘のほうが気が楽で、素直に楽しめるという感性の人が多いんですよ。いつまでも『俺が奢ってやる！』なんてやっているのは、古くさいです。それに、ライフネット生命は年功序列ではなく、実力主義・年齢フリーの会社ですよ」

世の中が変わったので、ケースバイケースにしたほうがいい、ということでしょうか。

また、社外での講演を引き受けるかどうかも、ルールを決めています。ライフネット生命を創業して以来、僕は声がかかればどこにでも出かけて、みなさんの前でお話しすることを続けてきました。現在、多いときには月に15～20回程度、講演をしています。この、講演依頼を引き受けるかどうかは、「お客さまが10人以上集まる」ことが唯一の条件です。10名を超えるのであれば、都合がつく限りどこにでも伺うことにしています。

こうしたルールを決めておけば、スタッフが自分で判断できるようになります。シンプルなルールがないと、スタッフが主催者のプロフィール、講演会の主旨やどんな人たちが集まりそうかなどを確認し、そのうえで依頼を引き受けるかどうか、僕に一件一件尋ねなければなりません。僕も、スタッフが調べた内容をチェックして、引き受けるかどうかを検討しなければならない。これは時間の無駄です。

僕が講演に出かける目的は何かといえば、来場者のみなさんにライフネット生命に少しでも興味を持っていただくことです。そして、その目的を効率良く果たすためには、同じ話をするにしても、できるだけ多くの人に聞いていただいたほうがありがたい。であれば、2～3人を前に話すより、最低でも10人くらいを前にするほうがベターでしょう。それに、講演で100人を集めるのはなかなか難しいかもしれませんが、10人くらいであれば講演会としての体裁もひとまず整うだろうし、基準としてもキリがよくてわかりやすい。だから、10人というルールを設定したのです。このルールのおかげで、講演活動はとてもスムーズに進められています。ちなみに、依頼のルートはSNSが大半です。

ところで、僕がライフネット生命を創業して以来、それまでまったくやってこなかった執筆や講演活動を行っているのは、じつは、さわかみ投信の澤上篤人《さわかみあつと》さんにアドバイスをいただいたからです。開業前に、「ゼロからつくる生命保険会社の認知度を上げるには、どうしたらいいですか」と尋ねた僕に、澤上さんは「私のように本を書き、年に300回ぐらい辻説法を行えばいいよ」と諭《さと》してくださったのです。

それ以来、澤上さんの教えを忠実に守っています。講演が月に15回と聞くと、驚かれる方が多いのですが、みなさん平日は働いておられるので、通常の講演は週末に集中しており、平日に講演する場合は、開演がだいたい夜の7時や8時に設定されています。大会社のトップが会食やゴルフ、支店まわりなどを、月15回やっているのと、基本的には何も変わるところはありません。

「宣言」の効用

「その瞬間は、チャレンジしようという意欲が高まっても、なかなか持続しないんです」

そのように嘆く人は少なくありません。たとえば、「積《つ》ん読《どく》になったままの本を、早起きして読み進めていこう」と思ったとします。しかし、一晩寝て、翌日になってみると「う～ん……とりあえず今日は職場の業務が立て込んでいるし、始めるのは明日からにしようかな」となってしまったりする。そして、あとで自己嫌悪に陥る――。よくある話かもしれません。

それまで、遅刻ギリギリまでベッドから出られず、始業時間きっかりに出社するのが当たり前という生活を送ってきた人が、いきなり早起きして読書に勤《いそ》しむなどという芸当ができないのは当たり前のこと。なぜなら、人は基本的に、アホでチョボチョボの怠け者だからです。

本当に必要に迫られなければ、なかなか物事に取り組めないのが人間の性《さが》であり、しかも、すぐに楽なほうへと流されてしまう。いくつも言い訳を用意して、「明日から頑張る」と問題を先送り。その言い訳を考えている暇があるなら、やらなければならないことを進めればいいのに、どうしても身体《からだ》が動かない——。そういう生き物なのです。

そこで大切になってくるのが、仕組みです。自分のモチベーションを維持できるような仕組みを、生活に組み込んでしまえばいいのです。

僕がおすすめしたいのは、自分の目標や、やらなければならないことを紙に書いて、貼っておく方法。それも、自分の部屋などプライベートな空間にではなく、職場や家族が集うリビングなど、他人の目に触れるところに貼ってしまうのです。

他人にも見られるところに貼るのは、自分に対しての約束ごとを、周囲に宣言するということです。「僕は毎日、始業1時間前に出勤して、本を読みます」「1ヵ月に最低でも10

冊は読みます」「始業前の1時間は、業務に関わる資格試験の勉強をする。来年の試験に絶対合格！」など、自分のミッションを書いて、職場のデスクの上とか、パーティションにでも貼ってしまう。

人間は、アホですぐにサボる生き物です。だから、サボれないような状況をつくってしまえばいいのです。周囲に宣言してしまった以上、やらざるを得ません。「達成できなければ、恥ずかしい」「やる！　と宣言したことをやらないのは格好が悪い」というのも、立派なモチベーションになるのです。

以前僕は、なかなか本を読めないという大学生に対して、「恋人に『自分はこれから毎週1冊は本を読む。それをしなかったら、すぐに自分を捨ててくれ』と宣言するといい」とアドバイスをしたことがあります。やるべきことをやらなければ、別れることになる。そうなったら、イヤでもやるでしょう、と。

すると、横にいた大学生が尋ねてきました。「自分には、恋人がいないんです。どうすればいいでしょうか？」と。僕は「それなら、同じことをSNSで宣言すればいい。SNSで宣言するということは、全世界に向けて宣言するのと同じだよ」と助言しました。実際、彼はその場でSNSに書き込んでいました。

その後、彼が宣言どおり本を読んだかどうかはわかりませんが、「本を読もう」という思いは強くなったと想像しています。少なくとも以前よりは、本を読むようになったのではないでしょうか。同様に、本を読むたびに僕に感想文を送ってくれる学生もいます。このような、ちょっとした仕組みが大切なのです。

僕自身の経験則から考えても、仕事ができる人、勉強ができる人は、自分なりのルールや、自分をサボらせない仕組みを上手に生活に採り入れている人が多かったと思います。身近にいる、よくデキる人を観察してみると、「なるほど、そういう習慣があるのか」と感心させられることが見つかるはず。それを真似てみるのも一案です。

そういえば、いまライフネット生命のマーケティング部の壁には「鳩を超える」と大きく書いた紙が貼ってあります。

以前、ウェブメディアの『デイリーポータルZ』とコラボレーションした際、鳩に保険のコースを選ばせる、という企画を記事にしてもらいました。紙皿を3枚用意し、「1000万円」と書かれた皿には大豆を、「2000万円」と書かれた皿にはピーナッツを、「3000万円」と書かれた皿にはマカダミアンナッツをのせて、それを多摩川の河川敷に並べ、鳩がどの皿に最初に口をつけるかを実験。その結果で、編集長の林雄司さんが契約する保険金額を決める——という企画です。僕も現地に出向き、実際に鳩を待っていたのですが、結局、鳩は2000万円の皿を選び、林さんはその場でノートパソコンから契約をしてくださいました。

この企画がネットで大評判になり、記事を経由してたくさんの方にご契約をいただきました。

ライフネット生命はインターネット販売をメインに展開している生命保険会社ですから、どのような企画がネットでウケるのか、常に検討しています。この「鳩」企画以降も、300人のハイタッチマラソンでギネス記録を達成するなど、おもしろそうな企画を展開し、どれも評判になったのですが、「鳩」企画を超えるまでには成果が出ていません。

そこで担当部署のスタッフたちは「鳩を超える」と貼り出して、お互いに気持ちを鼓舞し合い、いろいろな企画に貪欲にチャレンジしているのです。

史上最も成功した仕組みは「科挙」

ここまで書いてきたような「仕組み化」の議論は、個人だけではなく、社会全体でも取り組まなければならない事柄です。みんなで知恵を絞り、社会全体で上手に仕組みをつくっていくことができれば、その社会はきっとうまく回っていきます。

歴史を振り返ってみると、人類はさまざまな仕組みを考案して、世の中を回してきました。そうした数々の仕組みのなかで、僕が最も優れていると考えているもののひとつが「科挙」です。

科挙は、隋《ずい》王朝の初代皇帝・楊堅《ようけん》（文帝）が始めた官僚の登用制度です。当初は「選挙」と呼んでいました。それまでは、貴族の家に生まれた人間しか政府の要職に就けなかったものを、身分や家柄を問わず、誰でも受験できる試験を行い、才能のある人材、優秀な人材を幅広く採用するようにしたのです。試験は非常に難しく、しっかりと勉強しなければ合格できない、たいへん狭き門でした。しかし、自分自身の努力と才覚次第で、誰でも官吏として登用され、ゆくゆくは大臣といった国家の要職を目指すことができるわけですから、とても公平かつ合理的な、素晴らしい仕組みだと思います。

科挙は宋《そう》の時代にほぼ完成され、清《しん》の時代に至るまで、およそ1300年にわたって行われてきました。これほど長く続いた仕組みは、人類の歴史上、ほかにはありません。つまり、それだけ優れた仕組みだったということです。

中国は1840年から大英帝国とアヘン戦争を繰り広げ、敗北します。それまでは、中国が世界で最も豊かな国でした。あれほど広大な国土を維持し、長きにわたり繁栄を続けることができたのは、優秀な人材を全国から集めることができた科挙の仕組みがあったからにほかなりません。

科挙は朝鮮の王朝でも導入されましたし、革命後のフランスも科挙を真似た仕組みを実践し、現在にもその精神が受け継がれています。貧しい家の出身者でも、勉強すれば偉くなれる。これは大きなインセンティブです。

現代でも、アメリカの大学が同じような仕組みを採用しています。アメリカの大学の学費はけっして安くはありませんが、優秀な学生は、世界中どこから来ても学費が免除されます。そして、優秀な成績を収めれば、グローバル企業に入社でき、高給で雇われるかもしれません。このようなバイパスを用意しておくのも、上手な仕組みづくりのひとつでしょう。

人間は怠け者ですが、夢や希望があれば頑張ることができる。優れた仕組みは、人々に夢や希望を上手に与えることによって、機能するのです。

大英帝国は仕組みづくりが上手だった

歴史上、仕組みづくりがうまかった例としては、大英帝国（連合王国）を挙げないわけにはいきません。

大英帝国は、世界中に植民地をつくり、上手に、ある意味、狡猾《こうかつ》に統治しました。インド支配に代表される「分割して、統治せよ」という考え方は、その最たるものでしょう。

分割統治とは、人種や宗教、社会階級、地域の違いなどに目を付け、一国の集団を分割し、それぞれが反目し合うように仕向けて、宗主国である自国への反発が起きないようにしてしまう仕組みです。身近なところで小競り合いが続けば、多くの人はそこに注目するもの。大局的な視点で物事を捉え、「社会構造を変革しよう」などと統治者に反旗を翻すような動きが生じにくくなります。

インドには、各地に伝統的な地方領主が存在していました。マハラジャなどです。大英帝国は彼らをうまく利用して長期間の統治を実現しました。インドの権力者の子弟を、ケンブリッジ大学やオックスフォード大学といった自国の一流大学に受け入れて、教育を受けさせました。

一流の伝統校に集まるのは、連合王国でも良家の子弟が中心です。上流階級の出身者は教育水準も高く、総じてリテラシーが高いので、人種差別の感情をあらわにすることがありません。

そうした学生が集まる環境に、インドの上流階級の子どもたちが集まると、どう感じるでしょう。

「あれ、思っていたよりも、連合王国の人はいい人じゃないか」

「インドに来て、自分たちを支配しているのは二流の連中なんだ。だから酷《ひど》いことをするけれど、本国にいる連中は、ちゃんと話がわかるし、とても優秀なんだな」

そのように思い始めるわけです。連合王国の学生も「そうか、君は王家の出身なのか」

「君の父上はマハラジャだそうだな」と一目置き、分け隔てなく付き合います。内心では「インドから搾取しているおかげで、自分たちが世界で権勢を振るうことができている。インドのおかげで、いい暮らしができているのだ」ということを、ちゃんと理解もしている。だから、余計大事にするのです。

連合王国で一流の教育を受けたインドの上流階級の人々は「本国のエリートたちは、きちんとしている」と思うようになり、支配されるなら上手に支配されよう、という発想になります。相手もしたたかなら、こちらもしたたかに。そういう関係性を築くことができたからこそ、長期間の統治が可能だったともいえるでしょう。

人類の歴史を勉強していくと、「上手に仕組みをつくった社会が成長し、長く生き残っていくのだ」ということがよくわかります。翻って、仕組みづくりがうまくいかなかった社会は、衰退していくしかないのです。

税と社会保障の一体改革、少子高齢化対策、成長戦略——日本が変革を迫られている課題はたくさんあります。そこで効果的な仕組みづくりができるか否かに、日本の将来がかかっていると思います。

第5章
構想する力

おもしろい。だからやる

これまで述べてきた、数字・ファクト・ロジックを重視する僕の思考スタイルについて、もしかしたらみなさんは「理屈っぽくてイヤだ」「窮屈だ」と思われたかもしれません。しかし、実際はむしろ逆です。数字・ファクト・ロジックで物事を捉え、自分の頭で考える習慣が身に付くと、周囲の人や物事から受けるノイズで判断に迷ったり、あとで悔やんだりすることが圧倒的に少なくなるので、精神的にも時間的にも余裕が出てきます。

さらに言うなら、「自分は自由である」という感覚すら覚えるかもしれません。頭のなかで自由に思索し、自分なりに構想し、自分の言葉でアウトプットする。それは、誰からも邪魔されるいわれのない、みなさんだけに与えられた精神の自由なのです。

もちろん、何かを発信するということは、それに付随する責任も負わなければなりません。しかし、構想することは自由です。そうした自由を存分に謳歌するためにも、考えるための材料となる知恵を蓄えておいたほうがいいでしょう。だから、学ぶことの重要性を、僕は何度も口にしているのです。

僕は何かにつけて、ラディカルに物事を捉えて考えています。それは、心から納得したい、腹落ちしたいという気持ちがもともと強いこともありますが、一方では、ラディカルな視点で物事を見ていくのが、単純におもしろくてワクワクするから、そうしているともいえるのです。誰だって、人生が退屈だったり、つまらなかったりするよりは、おもしろいほうがいいでしょう。

人はもっともっと、おもしろさを追求することに貪欲になったほうがいいと思います。物事をありのままに認めること、自分の頭で考えること、自分の意見を述べること。それらに貪欲になればなるほど、人生はより豊かに、おもしろくなっていきます。「人生を楽しむ」とは、そういうことではないでしょうか。

あらゆる物事は〝一期一会〟

ワクワクすること、おもしろいことに貪欲になる——そうした生き方の背景には、〝一期一会〟の視点があります。

いま、日本にはおよそ1億2700万人が暮らしています。そして、この地球上には約

73億人もの人々が存在しています。また、20万年にも及ぶ人類の歴史を、有史時代——文字が成立して文献などが残され、あとから検証できるようになった時代——という視点で見ても、およそ5500年もの時間の流れが存在しています。

僕たちが、誰かと出会ったり、新しい知識や情報を得たりすることは、そうした膨大な人々との交流や、歴史が複雑に入り交じるなかで生じた、奇跡的な接点といえます。そう考えると、一つひとつの出会いが非常に尊いもののように感じられます。別の言い方をするなら、「いま、この瞬間を逃したら、もう二度と接点が持てないかもしれない」ということです。だから僕は、少しでも気になる本があれば迷わず手にして目を通すし、行きたいと思ったらとりあえず出掛けてみる、飲みに誘われたら原則として断らない、といった一期一会のルールを自分のなかで励行しているのです。

以前、こんなことがありました。大阪で講演会をしたあと、幹事の方が酒席を用意してくれました。「次、こんなお店はどうですか？」「もう一軒、行きましょう」「最後にもう一軒……」といった調子で酒席は続き、結局、早朝の4時くらいにお開きとなりました。

そして、いざお開きとなったとき、幹事さんが「出口さん、申し訳ありませんでした」

と私に詫《わ》びてこられたのです。

「出口さんがSNSで『基本的に、飲みの誘いは断らない』と言っておられたので、じつは試してしまいました。本当だったんですね！　最後までお付き合いいただき、本当にありがとうございました」

とてもおもしろい酒席だったので、僕としてはなんの不満もありません。どうか謝らないでください……そう返しました。その状況に自分が納得していて、とてもおもしろかったので、不満を持つはずもありません。

「出会いは一期一会。誘いは基本的に断らない」

「同じ〝1時間〟を過ごすなら、おもしろくて楽しいほうがいい」

その2点を基準にしてラディカルに考え、自分なりに納得できれば、僕はどなたであれ、お付き合いすることにしています。

まずは選挙に行く

長時間労働や終身雇用、年功序列、定年制などといった工場型キャッチアップ・モデルの労働環境がもたらす弊害、保育所の待機児童問題など、現在の日本には競争力の低下や少子高齢化による問題が山積していることは、すでに述べてきました。

いまの日本社会に横たわっているこうしたさまざまな障害や問題を解消していくにはどうすればよいか。簡単です。まずは選挙に行きましょう。

たとえば、2016年7月に行われた第24回参議院議員通常選挙の投票率は54・7%でした。スウェーデン、デンマーク、アイスランドといった北欧諸国では、投票率が80%を超える国がざらにあります。それに比べたら、日本の投票率はあまりにも低いといわざるを得ません。

有権者が投票に行かない理由として、僕は大きく4つの見方があると考えます。

まずひとつ目は、「ロクな候補者がいない。ロクな政党がない。だから投票に行く気になれない」というものです。

僕は、この意見に大きな違和感を覚えます。なぜなら、よく考えれば、この見方は「政党は優れた組織であらねばならないし、選挙に立候補するような人物は立派でなければならない」という、およそあり得ない幻想を前提にしているからです。

連合王国の名宰相だったウィンストン・チャーチルは、次のような言葉を残しています。

「そもそも、政治家になりたい人は、自分を含めてロクな人間がいない。目立ちたがり屋やひと儲けをたくらむ人など、まともではない人たちの集団だ。したがって、ロクでもない人たちのなかから、相対的にまともな人を選ぶ『忍耐』を、選挙と呼んでいるのである。つまり、民主主義は最悪の政治形態だ。ただし、王政や皇帝政など、過去に試されたすべての政治形態を別にすれば」

つまり、「候補者は立派な人でなければならない」という前提自体が間違っているということです。「ロクな候補者がいないから選挙に行かない」というのは、まったくの勉強不足で、民主主義の本質を理解しておらず、リテラシーが低い、と自ら宣言しているようなものです。

ふたつめは「投票に行っても、どうせ政治は変わらない」という意見。

世界共通の経験則として、投票率が10%ほど上がれば、後援会や組織票の力がほぼなくなるといわれています。日本の投票率は50%前後。これを10%程度上げるのは、けっして難しくはないでしょう。世界には国政選挙の投票率が80%を超えるような国が実際にあるのですから。そして、投票率さえ上げれば、政治は変わるのです。

第3章でも触れましたが、現在わが国の国会で、2世、3世議員の占める割合は4〜5割にも達するといわれています。先進国クラブであるG7では、2世、3世議員が1割を超えている国は、日本以外にひとつもありません。このファクトが異常だということを、わが国の市民は冷静に認識すべきです。

3つめは「誰に投票すればいいのかわからないので、投票に行かない」という論。

ヨーロッパでは選挙について、子どもたちに次のように教えています。

「選挙では、メディアが事前予想を出します。みなさんがそれに賛成するなら、3つの選択肢があります。

1・投票に行って、そのとおりの名前を書く。

2・棄権する。

3・投票に行って白票を出す。

この3つのどれを選んでも、選挙は事前予想と同じ結果になります。しかし、もしみなさんが事前予想に反対なら、意思表示する方法はひとつしかありません。

投票に行って、別の候補者の名前を書く。

それが選挙というものです」

つまり「棄権や白票は、当選が確実視される有力な候補者に票を投じるのと同じ」ということ。自分の意見を表明して、流れを変えたいのであれば、別の候補者に投票するしか他に方法はない。じつにシンプルでわかりやすい教え方です。

しかし、こうした当たり前のことを、日本の中学や高校ではまったく教えていません。18歳選挙権を実施した以上、民主主義や選挙制度に関する基本的なリテラシーをきちんと身に付けてもらう必要があります。まずは、教えるべき大人が選挙についてのリテラシーを磨かなければなりません。

最後は「候補者や政党の政策がよくわからないので選べない」という見方です。

インターネット上には、簡単なアンケートに答えるだけで、自分の考えに近い候補者や政党を選び出してくれる投票マッチングサイトがあります。僕がよく参考にしているのは毎日新聞が提供している「えらぼーと」や、日本政治ドットコムが提供している「投票マッチング」といったサービスです。これらのサイトでは、現在の政治の世界で論点になっている事柄が整理され、端的な質問として提示されているので、選択肢を選んでいくだけで自分の主義主張に似た候補者や政党に辿《たど》り着くことができます。

そうしたサービスを使うことが面倒なのであれば、その時点での政府や政策におおむね賛成なら与党に、反対なら野党に投票するのが妥当です。その際、NHKで放送される政見放送を見たり、自宅に届く選挙公報（候補者の政策がまとめられている新聞状のもの）を読んだりすれば、候補者の主張を知ることができるでしょう。

いま挙げたような手段で調べることすら億劫《おっくう》というなら、もっとシンプルな選び方もあります。女性の候補者に投票することです。日本は他の先進国に比べて女性議員の数が圧倒的に少ないので、少しでも女性議員を増やせば政治にバランスがもたらされる可能性が高くなります。同様に、迷ったときは若い候補者に投票するというのもいいでしょう。政治の世界は高齢者が多いので、若い議員がもっと増えて然《しか》るべきだと思っています。

選挙で誰に、どの政党に投票するか。それを選ぶことは、けっして難しくはありません。シンプルに、ゼロベースで物事を見て、判断すればいいのです。肝《きも》になる論点は、せいぜい数個ぐらいでしょう。少しでもより良い世の中をつくりたいのであれば、まずみんなで投票に行きましょう。

夢のない社会に明日はない

人間を最も失望させるのは、ユースバルジに代表されるように、将来の展望や夢が持てない状態です。ユースバルジとは、ドイツの社会学者グナル・ハインゾーン氏が著書『自爆する若者たち』（訳・猪股和夫、新潮選書）のなかで唱えたもので、若者の人口比率が極端に増えると、親の世代などと比べて雇用機会が減る状態を意味します。仕事がなければデートもできず、人間は自棄《やけ》っぱちになっていく。どうせ頑張ったところで、何も変わらない——そういった思考に陥ってしまう人が多い社会は、衰退していくしかありません。

２０１６年３月、日本学生支援機構が発表した「２０１４年度学生生活調査」によると、子どもを４年制大学に通わせている家庭の年間平均収入額は８２４万円でした。また、短期大学は６５８万円という結果が出ています（いずれも昼間部）。

さらに、東京大学が２０１２年に実施した「学生生活実態調査の結果」では、子どもを東大に通わせている世帯のおよそ60％が、世帯年収９５０万円以上という結果でした。

これらの数字から見て取れるのは、「日本で高等教育を受けるには非常にお金がかかる」ということです。最近は「有名大学に通う学生ほど、親がお金持ち」といわれたりしていますが、前掲の数字からも、そうした現状が浮かび上がっているのではないでしょうか。

お金があれば、幼いころから子どもを塾に通わせて、一流大学の付属校などに小学校から入れてしまったり、有名大学に大量の生徒を送り込んでいる中高一貫制の私立進学校に通わせることもできるでしょう。しかし、昨今、頻繁に問題にされるようになってきたひとり親世帯などでは、子どもの教育にお金をかけることはできません。なにしろ、全体の1割近いひとり親世帯では、じつに6割の子どもが貧困にあえいでいるといわれています。

親の財力によって、受けられる教育に格差が生じ、将来の選択肢が限られてしまうような状況は、けっして健全とはいえません。「大学受験の機会は平等に与えられているし、奨学金制度を利用することもできる。本人の努力次第で、いくらでも道は開ける」という建前があるのはわかります。しかし、現実には世帯収入の差が、教育水準の差になってしまっているのですから、子どもたちのモチベーションを高く維持するのは、なかなか難しいでしょう。頑張って勉強しようという気持ちになかなかなれなかったり、意欲はあっても家庭の事情で勉強が続けられなかったりして、早い段階で諦めてしまう子どもが少なくないという話も聞きます。

そうした状況を少しでも是正するためには、どうすればいいでしょう。すべての出発点は「将来に夢が持てること」だと、僕は考えています。アメリカンドリームではありませんが、どのような家庭に生まれようが、お金があろうがなかろうが、頑張った人がちゃんと成り上がることのできるシステムをつくること——それが何よりも重要ではないでしょうか。喫緊の課題は、子どもの貧困に集中的に取り組むことです。

勉強でも、スポーツでも、自分を信じて頑張れば、望むような将来が開けてくるかもしれない——。健全な夢は、確実に社会を活性化します。

貧困のループから抜け出す方法

教育の機会は平等に与えられている、と語る人は多いのですが、果たして、本当にそうでしょうか。「小学校、中学校は義務教育で無償」といわれています。公立学校なら授業料はたしかにかかりませんが、給食費や教材費、校外学習や修学旅行など、実際にはさまざまな費用を支払わなければなりません。「無償」というのであれば、修学旅行などもすべて無償にするべきです。

重要なのは、子どもたちに失望感を与えず、夢を持ってもらうことです。そして、途中で脱落しない仕組みをつくっていくこと。日本の将来をより良いものにしていくには、教育が必要不可欠なのです。

人間は教育しなければ犬よりも劣ります。まずは子どもに教育を受ける機会を十分に与え、リテラシーを身に付けさせること。それが社会の責務です。

とりわけわが国では、どのようなデータをとってみても、前述したように、「ひとり親家庭」のおよそ6割の子どもが貧困にあえいでいるといわれています。そのあおりを受けるのは、もちろん子どもたちで、教育を受ける機会が限定されてしまいます。小中学校で勉強する機会が制限されると進学にも影響し、最終的には選べる職業が限られてしまうので、十分な収入を得られない。そして、彼らの子どもたちもまた同じように、満足な教育が受けられない――というループに陥ってしまうのです。

その結果、生活保護関連支出が増大して、社会コストが膨らんでいきます。つまり、子どもの貧困を少しでも改善していくことは、社会的なコストの低減にも寄与するのです。
この問題は焦眉の急で、放置することは許されません。

日本では、子どものいる夫婦が離婚すると、多くは母親が親権を持ち、母親のもとで子どもが育てられます。とはいえ、父親は扶養義務を負っているので、通常は養育費を支払っていく義務があります。しかし、取り決められた養育費を、きちんと支払わない父親が少なくありません。これが、ひとり親家庭の貧困化を加速させているのですが、訴訟を起こして支払い義務が確認されても、差し押さえなど実効性のある手法を強制するのが難しく、〝逃げ得〟になってしまいがちです。

一方アメリカでは、離婚をしても親権は2人が共同で持ち、お互いに子どもの面倒を見ていかなければならない仕組みを導入しています。どちらかが養育費などを支払わなかった場合には、厳しい罰則も設定されているので、〝逃げ得〟ができないようになっているのです。

法務省は養育費が支払われないなどの場合、「強制執行」により銀行口座を差し押さえることができるよう、民事執行法を改正する検討を始めました。半歩前進ではありますが、ひとり親家庭の貧困を本気で解消したいと考えるのであれば、払われなかった養育費を行政が肩代わりすることにしてはどうでしょう。もちろん、行政は逃げた親を徹底的に捕捉して、支払わせるのです。アメリカではこのような仕組みを導入しており、支払わなければ免許証やパスポートを取り上げるそうですが、クルマ社会のアメリカでは効果覿面《てきめん》でしょう。

敬老パスか子どもの貧困か

お金のある世帯の子どもは家庭教師を付けてもらったり、塾に通ったりすることができて、いい大学に入れる。一方、ひとり親家庭などで貧困にあえぐ世帯の子どもは、十分な教育機会を与えられずに貧困のループに陥る——。こうした二極化の構図は、けっして好ましいことではありません。教育の二極化は、要するに社会の二極化ということであり、所得分配がうまく機能していない証拠ともいえます。教育格差は貧困問題とイコール。であれば、政府はひとり親家庭に給付を集中させて、子どもの貧困を根絶し、よりよい教育が受けられる環境を整備していくべきでしょう。

そのための財源は、堂々と消費税率を上げればいい。誰が反対するというのでしょう。もしくは、乱暴かもしれませんが、高齢者に交付されている敬老パス（自治体によって、シルバーパス、高齢者フリーパスなどの名称あり）などを廃止して、その分の予算を子どものサポートに回すことを検討してもいいでしょう。

「そんなことをしたら、高齢者たちから猛反発をくらう」と言う人もいますが、僕は必ずしもそうは思いません。説明の仕方ひとつで、理解してくださる高齢者の方はたくさんおられると信じたいのです。

いま、みなさんに交付している敬老パスの仕組みを維持するために、年間でこのくらいのコストがかかっています。一方で、貧困にあえぎ、満足に教育が受けられない子どもたちがこれほどたくさんいます。みなさんに来年も敬老パスを交付するのと、日本の将来を担っていく子どもたちのためにお金を使うのと、どちらを選びますか？

――そのように丁寧に説明すれば、少なくとも半数以上の高齢者は「子どもたちに使ってくれ」と賛成してくださるのではないでしょうか。きちんとした説明をせずに「敬老パス廃止についてどう思いますか？」と尋ねたら、「許せない」と答えるに決まっています。

消費税や軽減税率の問題なども本質は一緒です。メディアや政治家の尋ね方、問題設定の仕方ひとつで、回答はいくらでも操作できるのです。人間は目先の損得で生きていますから、短期的に損するものと得するものを比べられたら、簡単に「得」するものを選んでしまう。だからこそ、政治が安易なポピュリズム――為政者やエリートが大衆の無知につけ込み、大衆の欲望を満足させるような政策を実施して民心を操ること――に流されてしまうのです。

これに惑わされないためには、僕たち市民が勉強を怠らずに、リテラシーを磨いていくしかありません。

いい格差、だめな格差

僕は、人間社会に格差があることはごく自然な現象だと考えています。しかし、その格差が固定化されて、どんなに努力してもその格差を覆すことができない、という状態に陥ってしまうのは大問題です。

以前、ある人から次のように問われました。

「歴史のある企業の創業家系とか、代々政治家を輩出している家系など、日本にもいわゆるエスタブリッシュメント（支配階級）は存在しますね。そういう存在のことをどう思いますか？」

どうやらその人は、名家と評されるような家に生まれた人がエスタブリッシュメントとして、ある種の既得権益を持っているのが気にくわない様子でした。

たしかに、そういう家系の人は日本にも存在していますが、現代の日本社会において、彼らの地位や立場が絶対的なものとして固定化され、エスタブリッシュメントというほどの権力を持っているかというと、政治の世界を除けば、実際にはそれほどのことはないと感じます。僕は「世界中のどこにでも貴族はいます。でも、じつは貴族の世界にも新陳代謝があって、没落したり、新しく貴族になったりするのです。そういう流動性が十分あれば、問題は少ないのではないでしょうか」と答えました。

たとえば、ローマ教皇はローマ教会における最高指導者であり、圧倒的な権力、求心力、影響力を備えた存在です。しかし、ローマ教皇は家柄などには関係なく、全世界の枢機《すうき》卿《きょう》のなかから、枢機卿団による投票によって選出されます。要するに、公正な競争の仕組みがあって、新規参入が認められている環境であれば、エスタブリッシュメントと呼ばれるような人々がいても、それほど問題は生じないのです。

名家、名門であろうと実力があれば存続し、実力がなければ衰退していく。それは日本でも海外でも、歴史的に再三繰り返されてきたことです。実業界を見ても、たとえば創業家一族が私欲を貪り、組織を私有化して、経営を悪化させたりした場合には、株主や役員たちによって経営の中枢から排除される、といった事例がいくらでも見られます。

この議論を「格差」という視点で語ると、流動性があって、実力や努力次第で成り上がることができるのであれば、むしろある程度の格差はあったほうがいいのではないでしょうか。たとえば中国では、豊かな沿岸部と貧しい山間部のあいだには、およそ20倍もの経済格差があるといわれています。日本の場合、最も経済格差のある東京と沖縄では、いろいろな統計で見るとざっくり2倍程度の差が見られますが、沖縄は物価が安いので、実際の格差は東京10に対して沖縄7〜8くらいでしょう。

日本は田中角栄が推進した日本列島改造論の例から見て取れるように、高度成長の時代に、主として公共事業のかたちで地方に税金をばらまきました。経済全体が上り調子で、どんな地域でも去年より今年のほうが成長しているような状態では、貧しい地域に厚く税金を配布したところで、不平不満はほとんど出ません。なぜなら、みんなが成長しているからです。日本はそうして、地域間の格差を縮めていきました。

一方、中国は時の最高指導者の鄧小平《とうしょうへい》が、文化大革命で疲弊し混乱した社会を立て直すために「改革開放」路線へと舵《かじ》を切りました。要は、社会主義国家に市場経済を採り入れたのですが、鄧小平が推し進めたのは、先ほど述べた20倍の格差の先頭にいる人々をさらに成長させる、というやり方でした。トップランナーたちを「行けるところまで行ってごらん」と走らせて、一時的にはさらに格差を広げたのです。それを目《ま》のあたりにした貧しい人たちは「自分たちも頑張って走っていけば、もっと豊かになれるかもしれない」と考えるようになり、中国は高度成長経済へと進んでいきました。

鄧小平が推進した改革開放路線は、ある意味、アメリカ的な発想です。アメリカにも格差が存在しますが、アメリカンドリームという誰でも成り上がれる思想が社会に根付いているので、基本的には「いまは貧しくても、頑張って働いて、豊かになろう」という意識のほうが強い。流動性が十分にあれば、ほどほどの（手の届くところにある）格差は大して問題にはなりません。これに対して、格差が手の届かないものになれば、あるいは、なったと感じれば、〝トランプ現象〟のような排外主義——たとえば、アメリカの工場が移転したので自分たちは貧しくなった、と考え行動すること——的な動きが生じるのです。

地位や権益が固定化されて、どうしても覆らないのであれば、社会に閉塞感が生まれます。人々は既得権益層を憎悪し、努力することを諦めてしまうでしょう。そのような格差は社会の害悪にしかなりません。しかし、流動性が十分に担保されていて手の届くところにある格差は、むしろ社会に成長と活力をもたらしてくれるのです。そうした視点から考えれば、格差は一概に悪いものとはいえないと思います。

ただ、子どもの貧困に代表されるような昨今のわが国の格差は、先ほど触れた教育格差に象徴されるように、流動性に乏しいといわざるを得ません。格差をばねにしてのし上がっていけるような〝いい格差〟に変えていくことが不可欠です。

相続税率は100%にせよ

中小企業や個人事業主における事業承継の問題はさておき、僕は個人の相続税については、極論ですが税率100％でいいと思っています。もちろん配偶者には、一定の無償贈与を認めた上での話ですが。どれほど資産を持っていても、あの世までは持っていけないので、死んだらすべて税金として収めてもらう、という発想です。日本という社会を全面的に信頼していて、きっと有効活用してくれるはずだ、と思えるのであれば、この選択も悪くはないでしょう。

では、政府に資産を召し上げられるのがイヤなら、どうすればいいでしょうか。共感できる活動をしているNPOなりに寄付するのも一案でしょう。もしくは、積極的に生前贈与してしまうのも悪くありません。

そこで、相続税100％のルールを導入する場合には、「資産を生前贈与するなら贈与税はゼロにする」というルールをあわせて導入してはどうでしょうか。贈与する相手は血縁関係があってもなくても構いません。しかし、たとえば50歳以下の働き盛りの人に限るという条件を付け、血縁関係がある人には一定の上限を設けることにするのです。

働き盛りの人は結婚や出産、子育てにお金がかかるし、消費にも積極的です。日本経済のおよそ6割は消費ですから、お金を使ってくれる働き盛りの世代にお金を渡すほうが、経済も活性化します。

最近では、たくさんの資産を蓄えた80代、90代のお年寄りが亡くなったあと、50代後半から60代の子どもがそれを相続するというケースが多いようですが、高齢者はお金を使わないので、結局、資産は蓄えられたままになり、消費にはなかなか回っていきません。金《かね》は天下の回りもの。市場に循環させてこそ意味があるのですから、お金を使う働き盛りの人たちに継承させるほうが、ずっと価値があると考えます。

整理すると、選択肢は次の3つに集約されるでしょう。


1・政府を信頼しているのであれば、相続税のかたちで資産を政府に収める。

2・生前贈与で、働き盛りの子孫に資産を継承させる。

3・NPOなど、志を同じくする然るべき組織に贈与する。


このような選択を高齢者に迫る仕組みを導入すれば、埋蔵金のように蓄えられたままになっている個人資産が、確実に流動性を持つようになります。

「せっかく蓄えた資産が政府に全部持っていかれてしまうのなら、孫や頑張っているNPOに生前贈与してしまおう。贈与税はゼロなのだから」――そのように高齢者が考えるような仕組みをつくれば、日本経済を活性化する一助になるはずです。

よく考え、よく遊べ

検索エンジンやクラウド・コンピューティングなど、ネット関連サービスを展開するグーグル社には「20%ルール」という仕組みが導入されています。社員は勤務時間の20%を、通常の職務から離れて自分のやりたいプロジェクトに割いていい、というルールです。現在、グーグルから提供されているサービスの50%程度がこの時間から生み出された、という話もあり、従業員の創造性やモチベーションを高める効果的な施策として、注目されています。

また、アメリカではIT企業を中心に「無制限休暇制度」という仕組みを導入する企業が増えています。有給休暇の日数が決められておらず、業務に支障が出ないのであれば、社員は自由に休みを取っていい、というもので、なかには2ヵ月近くの休暇を取り、長期間の旅行に出かける人もいるそうです。ライフネット生命も、通常の有給休暇のほかに、家族や本人の病気のときなどに半日単位で使えるナイチンゲール休暇や3年ごとに10日間のリフレッシュ休暇制度を導入していますが、まだまだです。

こうした仕組みを採り入れている企業は、非常に賢いと思います。人間はきちんと休んだほうが頭も働くし、そもそも遊びの時間が十分に取れなければクリエイティブな発想も浮かんできません。古代ギリシアのアルキメデスが浮力を発見したのも、入浴中だったと伝えられています。ただ机に向かってウンウン唸《うな》っているだけでは、いいアイデアは湧いてきません。散歩をしていたり、シャワーを浴びたりしているときに妙案が浮かんできた経験は、誰にでもあるのではないでしょうか。

僕は読書に次いで旅が好きなので、これまで国内、海外を問わず、いろいろな場所を巡ってきました。自分の足で歩いた町の数でいえば1200くらいにはなるでしょう。旅先ではさまざまな発見がありますが、それ以外にも、いいアイデアが降りてきたり、新たな角度から物事が見えてきたりした経験が数多くあります。列車に乗って、車窓の風景をボーッと見ているときなどに、意外にいいアイデアが浮かんできたりするのです。

ここで念を押しておきたいのは、ただ遊んでいればいいというわけではないということです。人間の脳は、自覚されなくても、いつもフル回転で働いています。ボーッとしているときでも、じつはいろいろなことを考えているのです。一息入れたところでアイデアが浮かんできたりするのは、それまでのインプットや考え抜いたことの積み重ねが、再整理された結果。つまり、日ごろの積み重ねがなければ、何も浮かんではきません。人間の脳は、まったくのゼロから何かを生み出しているわけではなく、それまでの蓄積をもとに思考しているのです。

日々の勉強をサボっている人が旅行や散歩などでリフレッシュしたところで、「ああ、楽しかった」という、感想を抱く程度で終わってしまいます。まず何よりも大事なのは、日ごろからインプットを積み重ねておくことです。

「明日死ぬかもしれない」という覚悟

僕はいつも「いま、この瞬間がいちばん楽しい」と思って生きています。過去にあった楽しい出来事も、つらい出来事も、正直あまり興味はありません。長い人類の系譜や、経験・知見の蓄積としての歴史にはおおいに関心がありますが、自分自身の過去はほとんど振り返ることがありません。なぜなら済んでしまったことは取り返せないからです。それよりも、いまを存分に楽しみ、未来に思いを馳《は》せるほうが健康的です。

僕は2017年の4月に、69歳になります。このくらいの年齢になると、多少なりとも死を意識するようになるもの。もちろん、まだまだ元気に働けると考えていますし、100年後にライフネット生命を世界一の保険会社にするという目標に向かって突き進んでいこう、という意欲にも満ち溢《あふ》れています。

とはいえ、人間はいつか必ず死を迎えます。それは何十年も先のことかもしれないし、10秒後かもしれません。ならば、いまこの瞬間に死んでも悔いが残らないように、いまを楽しく、全力で生きていくほうがいい、と思っています。同じことをやるにしても、どうしたらもっと楽しくなるかというチャレンジに取り組むほうが、人生はより充実するものなのです。

ライフネット生命の経営に携わるようになってから、講演会などでたくさんの人を前に話したり、取材を受けたりする機会が増えました。「出口さんの話はおもしろい！」と、たいへんありがたい言葉をかけていただくことも少なくはないのですが、とくにウケを狙って話しているわけではありません。考えているのは、一期一会の貴重な機会を少しでも楽しく過ごしたい、ということに尽きます。そう意識することで、僕自身も楽しいひとときが過ごせます。ビジネス書には、「話し方」を指南するような本もあります。そこにはたとえば「15分に一度は笑いを取れ」といったような方法論が書かれていたりするのですが、僕はそういった類《たぐ》いの本にはまったく興味がありません。

僕自身は「本50%、旅25%、人25%で僕という人間はつくられている」と思っていますが、そこで得た蓄積が「いまを楽しく過ごす」というフィルターを介して発せられているだけだといえるかもしれません。

物事をラディカルに考えよう、というのも、結局はそのほうがおもしろいからです。手垢《てあか》のついたような常套句《じょうとうく》や、定型化された主義主張は、新聞や雑誌などメディアに溢れ返っていますが、そのようなものを鵜呑《うの》みにしても、ぜんぜん楽しくはありません。でも、物事を根本から見つめて、自分の頭でラディカルに考えるようになると、あらゆる事象が興味深く思え、かつシンプルな輪郭が浮かび上がってきて、考える作業そのものが楽しくなります。

真っ白な紙の上に一から絵を描くのと、ほとんど仕上がっている塗り絵にちょっとだけ色を足すのとでは、どちらがワクワク、ドキドキするでしょうか。作業としては大変でも、圧倒的に前者のほうが楽しいはずです。

設計図は自分でつくる

ラディカルに物事を考えるためには、数字・ファクト・ロジックが必須である、というのはすでに何度も述べたとおりです。そして、数字・ファクト・ロジックは物事を端的に示してくれる指標としてだけではなく、楽しさをもたらしてくれるアイテムとしても機能します。いうなれば、数字・ファクト・ロジックで知的遊戯に興じるような感覚。同じ仕事をやるにしても、数字・ファクト・ロジックを意識するほうが断然おもしろくなります。

しかしながら、何をどうやっても、なかなかおもしろく感じられない仕事があるのもまた事実です。たとえば単純作業。僕は社会人になったばかりのころ、日本生命の京都支社に配属されたのですが、最初に任されたのは、お客さまに送るハガキの宛名書きでした。

女性上司が私の机の上に大量のハガキと、顧客情報が書かれた書類をドンッと置いて、「さ、書いて」と言い渡し、去っていきました。そのおびただしい数を見て、正直、呆然《ぼうぜん》となりました。宛名を書きながら、「このような単純作業がこれから毎日続くのかなぁ」と落胆しました。

でも、ため息をいくらついても、書くべき宛名は減りません。そこで僕が始めたのが「空想」です。退屈な単純作業がどうすればおもしろくなるかを考えて、女性の名前を書くときに、容姿を想像することにしました。「ああ、キレイな名前だなぁ。きっと見目麗しい女性に違いない」などと空想し、丁寧に宛名を書いていったのです。平凡な男性の名前なら、「どうせ、ただのオジサンだろ」と、多少は大ざっぱに書いたりしていました。単純作業にメリハリがついて、これは楽しい！　と秘かにほくそ笑んでいたのですが、すぐに上司に見つかってしまい、「お客さまはみんな大切な存在です。すべてのハガキを丁寧に書きなさい」と叱責されました。若気の至りというほかありません。

でも、どのような仕事に取り組むときも「どうすれば、もっとおもしろくなるか」を考えるのがクセになっています。バカバカしく思えるような単純作業でも、やるしかないなら、どうすればおもしろくなるかを必死に考える。同じことをするにせよ、イヤイヤやるよりは楽しんだほうが得です。

僕のこのような姿勢は、「何事も納得しないと気が済まない」という性分からきているのかもしれません。先ほどの女性上司から、「あなたのように変わった新人、見たことがない」と、よく呆《あき》れられていました。何か仕事を振られるたび、「どうして僕がこの仕事をしなければならないのですか？」「この仕事にはどのような意味があるのですか？」「この仕事の目的はなんですか？」といちいち質問していたからです。

ただ、上司も大したもので、口やかましい小僧っ子の疑問に、一つひとつ丁寧に答えてくれました。先ほどの宛名書きにしても、「大事なお客さまに、保険料の納付日を忘れないよう、お知らせするための手紙です。納付日にきちんと保険料が納められなければ、お客さまの保険が契約どおりに活用できなくなる可能性もあります。それに、保険の原資となっている保険料が正しく納められなければ、私たちも困ります」と説明してくれたので、「なるほど、それは大切だな」と腹落ちできました。

何事においても、僕は腹落ちしないと動けないタイプです。何より腹落ちできないと、おもしろくない。だから、腹落ちするまで「なぜ?」「どうして?」とそもそも論を繰り返してしまう。腹落ちさえしてしまえば、あとは自分の工夫ひとつで、どのような仕事でも楽しくやり遂げる自信があります。それを何度も何度も繰り返して、気がついたら現在のような物の考え方ができあがってしまったというわけです。

設計図や指示書などのマニュアルがないと動けない、という人がいます。そうした人は、要するに楽しくないから、興味が持てないから動けないのです。人間、「おもしろそうだ」と思えたら、勝手に手が出てしまうもの。それなら、楽しく仕事ができるように、自分で設計図をつくってしまえばいいのです。

ミッションの目的や要点さえ理解できれば、ゴールが見えます。そのゴールに向かうためにどう取り組んでいくかは自由です。アウトプットさえちゃんとできればいいのですから、設計図も自分でつくってしまったほうが、仕事は格段に楽しくなります。

置かれた場所で咲く必要はない

どんなに楽しく仕事をしようと心がけても、納得できないことも多々あるでしょう。

「なぜ、自分はこの仕事をやらされているのか」「自分は課長になりたいのに、会社はまったく評価してくれず、望むポストに就けてくれない」など、不満を募らせている人もいます。

どうしても納得いかないのであれば、その場所にこだわる必要はありません。「この職場は、自分の能力を評価できない人々の集まりだ」と考えて、他の職場を探せばいいのです。置かれた場所で咲くことにこだわる必要は、まったくないと思います。置かれた場所で咲ければそれでいい。でも、頑張っても咲けないのであれば、咲ける場所を探せば、それでいいのです。世界は広いのですから。

組織における個人の役割（機能）と、個々人の関係性はまったく別のもの。社長は偉い、上司は偉い、だから平社員である自分は彼らより下の存在だ……などと自分を卑下したり、服従したりする必要はどこにもありません。役職は単なる機能です。会社の組織には、役割として社長という機能を果たす人、部長や課長という役割を担う人が必要なので、そういう立場の人が存在するにすぎません。ひとりの人間として見るなら、年齢などの違いはあれ、社長だろうが部長だろうがみんな同じです。

日本社会の不幸な点は、社長は偉い、部長は偉い、課長は偉い……といった具合に、単なる機能にすぎない組織内でのポストが、社会的評価と同一視されていることだと思います。そうした価値観が根底にあるから組織にしがみつきたくもなる。そして極端な場合には、その組織のなかで認められなければ自分の人生は終わりだ、などという愚かな考えに陥ってしまうのです。

自分のことを評価してくれない組織であれば、他に自分のことを評価してくれる組織を探せばいい――。そう考えられるようになると、胸のつかえが下りたような解放感があるはずです。もしかしたら、これまでの萎縮していたところがなくなり、ノビノビと業務に取り組めるようになるかもしれません。

その結果、上司の評価が変わってくる可能性もあります。本来の実力が発揮されることで評価が上がり、他の組織に移る際に、有利に働くことも考えられます。機能としての社長、部長、課長を利用してやる、くらいのしたたかさを持って、自分の仕事にまっすぐに邁進《まいしん》すればいいのです。

僕はいつも、「会長は単なる機能で、偉くもなんともない。ライフネット生命には会長という役割が必要で、自分はたまたまその役割を担っているだけにすぎない。だから、みんなは会長を適当に使いこなせばいい」と社員に話しています。だからこそ、僕のスケジュールは全社員にオープンにしているのです。

挽回できなくてもいい

置かれた場所で咲くことにこだわる必要はない、という話に関連しますが、僕は「失敗しても、必ずしも挽回《ばんかい》する必要はない」「簡単に挽回できなくて当たり前」だと考えています。なぜなら、人間は失敗する生き物だから。失敗するたびに「挽回しなくては」と考えてばかりいると、やがて失敗することが怖くなり、身動きが取れなくなってしまいます。

僕自身も、70歳近くになった今日でも日々失敗を繰り返しています。身近なところでは、ランチに入った食堂でA定食を頼んだら、ほかの人が頼んだB定食のほうがおいしそうだったり。人間は常にイエス・ノーゲームを脳内で繰り返しているので、細かな失敗を無数に重ねているのです。

失敗すること自体には、なんの問題もありません。失敗も勉強になるので、そこから何かを学び取ればいいのです。

これを、〝喜怒哀楽の総量〟という視点で考えてみましょう。

恋人ができた場合、その喜びは100ポイントのプラスになったとします。でも、不幸にして振られてしまった場合、今度はマイナス100ポイントに相当しそうです。つまり、プラスマイナスゼロ。恋人がいたという事実は、振られてしまったとたん、価値がなくなってしまうのです。

でも、僕はそうは考えません。その経験を絶対値で捉え、恋人ができたのも、振られたのも100ポイント。合計すると経験値が200ポイント上がったと考えるのです。つまり、喜怒哀楽の総量として、人生を捉えるようにしています。

マイナスだと思われがちな経験も、「経験した」ことに違いはありません。経験しなかった人よりも、確実に知識が増え、物事を判断するときの材料になるでしょう。失敗も成功も、すべての経験から人は学び、賢くなることができるのです。

ライフネット生命も、数々の失敗を繰り返しながらこれまでやってきました。そして、設立後10年経った現在、約140名の社員でトップライン（売上高）100億円にまで達しました。失敗のほうが多ければ、そして失敗から学ぶことができなければ、とっくに潰れてしまっていたことでしょう。

世の中には、簡単には挽回できないことが数多く存在しています。恋人に振られてしまった事実は、取り返しがつかないと考えるのが普通でしょう。しかし、過ぎてしまったことを悔やんでも、仕方がありません。

大切なのは、失敗から学び、それを滋養にすることです。「次は同じ失敗をしないようにしよう」と考えられるようになるだけでも、立派な成長です。そうした経験を積み重ねていくことで、「あ、これは失敗しそうだぞ」と事前に察知し、失敗を小さくするための工夫を講じることができるようになります。

つまりは〝失敗が上手になる〟ということです。そこまでくれば、挽回できるかどうかなど、考える必要はなくなっていることでしょう。

理想は51対49

人生でも、仕事でも、ゴールに向かって一直線に進める人はほとんどいません。大半の人は、失敗や成功を繰り返しながら、ジグザグで進んでいくものなのです。

僕はどちらかと言えば、部下の失敗を個別に捉えて評価するようなことはしないタイプです。定性的、定量的に捉えて——たとえば、1年という期間で、こういうミッションを完了させて、ゴールに辿《たど》り着くことができればいい、という見方をします。

途中、失敗したり、成功したりしながら、一定の成績でゴールすれば問題なし。いわばマラソンのようなものです。途中で歩いてもいいし、コースを間違えても引き返してまた走り始めればいい。その結果、51対49で勝利できれば御の字です。

51対49で構わないというのは、そのくらいの価値観で生きていくほうがハッピーだと考えるからです。常に「すべて勝つ」というような姿勢で生きていくと、つまらない嫉妬をされたり、妨害を受けたりするリスクも多くなります。人間はみんなチョボチョボなので、トータルで勝ち越すことを目標に、一歩一歩成長していけば十分でしょう。

とはいえ、「だから大人しく生きていけ」と言いたいわけではありません。目立った能力がある人は、どんどん目立っていけばいい。圧倒的な能力を披露して、嫉妬や妨害をはねのけてしまえばいいのです。出る杭は、簡単には打たれないような高さまで伸ばせばいいのです。

では、目立った能力のない人はどうすればいいか。実力のある人の足を引っ張るのではなく、むしろ応援すべきなのです。トップランナーにもっともっと頑張ってもらって、たくさん稼いでもらう。野球でいうならホームランを打ってもらって、みんなで勝利の美酒にあずかるのが、チーム全体としては最も賢い選択でしょう。

これは、けっして卑屈な考え方ではありません。そもそも、人間にはそれぞれに適性や能力差があります。全員がスタープレイヤーになれるわけではないし、その必要もないのです。

野球にたとえると、4番バッターばかりを並べても、チームとしては機能しないのと同じです。エースピッチャーだけでは、そもそも野球になりません。ライトで8番の選手、中継ぎ投手、足のスペシャリスト、バントが得意な控え――それらの人が集まって、初めて勝てるチームになるのです。

ここで大事なのは、エースピッチャーがメインキャラクターで、バントが得意な控えはサブキャラクター――などということは、絶対にないということです。あえて言えば、全員がメインキャラクター。あるとすれば、メインかサブかの違いではなく、機能、すなわちファンクションの違いだけです。

人間の身体《からだ》には、脳や手足、内臓などがあり、それぞれが大事な機能、役割を担っているのと同じです。脳だけがメインなわけではありません。もちろん、人間社会も同様でしょう。

大事なのは、その機能や役割のなかで努力を怠らず、輝いていけるかどうかなのです。それには思考力がものを言うことは、言うまでもありません。

〝小商店のオヤジ〟の矜持《きょうじ》

人生は51対49で構わない――。僕が繰り返しそう言っても、納得してもらえないことが少なくありません。「あとになってから、『どうしてあのとき、そうしなかったのだろう』と何度も思い返して、動けなくなってしまいます」と心情を吐露する人もいます。正直な思いなのかもしれませんが、前にも述べたように、僕は後悔は原則、無用だと考えています。時間の無駄でしかありません。

第1章で、ロマン・ロランの言葉を紹介しました。

「世界に真の勇気はただ一つしかない。世界をあるがままに見ることである。そうしてそれを愛することである」

ロランが指摘するように、後悔する人は「世界をあるがままに見て、それを愛する」勇気が持てないのです。

人が何かを選択し、進んでしまった以上、元には戻れません。時間は不可逆的なものだからです。水面に石を投げてしまったら、波紋を抑えることはできません。しかし逆にいえば、石を投げなければ、何も起きないのです。後悔したり、不安になったりすることがないかわりに、幸せや喜びを感じることもない——。人生はトレードオフ。何かを選択するということは、何かを捨てるということです。

僕の場合は、そのひとつがライフネット生命の立ち上げでした。

「60歳を目前にして、ベンチャー企業を立ち上げるなんて、よく決断できましたね」

「悠々自適に暮らすこともできたのに、趣味の旅行にも行けないような仕事をあえて選ぶなんて、どうかしている」

ライフネット生命の創業時、周囲の友人からよくそのようなことを言われたものです。

しかし、自分で納得して選んだ道なので、僕自身はなんの後悔もしていません。

たとえば、大企業のトップが病気になって、1ヵ月間、仕事を休んだとしましょう。それでも、業績が落ち込んだり、業務が滞ったりはしないはずです。それは、組織がしっかりと確立しており、トップが短期間いなくても、かわりを務める人材が他にいくらでもいるからです。

一方、小商店のオヤジさんが病気で1ヵ月休んでしまったらどうなるでしょう。売り上げが落ちて、下手をすると閉店の危機に追い込まれてしまう可能性すらあります。大企業だった前職とライフネット生命とでは、メガバンクと小商店くらいの、圧倒的な差があります。それを承知のうえで立ち上げたのです。

小商店のオヤジという道を選択したからには、今日も腕まくりをして、額に汗しながら店頭に立ち、お客さまを呼び込まなくてはなりません。自分で選んだ以上は、その暮らしを楽しまなければ損です。また、その暮らしを充実させなければ、人生がおもしろくない。

たしかに、映画にも趣味の旅行にも行けなくなりました。ですが、そのかわりに、ベンチャーの経営という貴重な経験ができています。やはり、人生はトレードオフ。自分で何かひとつを選択した以上、後悔は時間の無駄です。やらなければならないこと、やりたいことは目の前にいくらでもあるのですから、それに向かって邁進するしかありません。僕は、その状況をとてもおもしろいと感じています。

僕がライフネット生命を立ち上げる、という選択をしたとき、家族は何も言いませんでした。「この人は、一度言い出したら、何を言っても聞かない」ということをイヤというほど理解していたので、放っておいてくれたのだと思います。

「お父さんが、また何か妙なことを言い始めたけれど、好きにしてください」と考えてくれる家族を持てたのは、とても幸せなことだと考えています。何か重要な決断をしても、家族の反対に遭って断念する、という例は世の中にいくらでもありますから、僕は運が良かったといえるでしょう。

もっとも、仮に家族の反対に遭っていたとしても、僕はライフネット生命の立ち上げに挑戦したと思います。「一緒にやりましょう!」と請われ、「やります」と返事をした以上は、責任を持って取り組まなければなりません。一度言葉にしてしまったことは、元には戻らないのです。

人生は、時間を巻き戻すことも、二者択一の両方を選ぶこともできません。それはこの世の中の単純な真理です。真理は覆りませんから、悩んでも、悔やんでも、意味はないのです。そして、覆せない過去にとらわれているよりも、今晩、誰とお酒を飲もうか、夕食は何にしようか……そういった、ささやかな未来のことを考えるほうが、はるかに楽しく、有意義で、おもしろいのです。

人間は誰でもいまがいちばん若いのです。明日になれば1日分歳をとります。やりたいことや、おもしろいことに、みなさんもっともっとチャレンジしましょう。

「環境が、あなたの行動にブレーキをかけるのではありません。あなたの行動にブレーキをかけるのは、ただ一つ、あなたの心だけなのです」（「未来食堂」代表・小林せかい／「日経ウーマン・オブ・ザ・イヤー2017」の受賞スピーチより）

最近、僕の心にいちばん響いた言葉です。

おわりに

ライフネット生命プロジェクトは、2006年10月に準備会社を設立し、2008年4月に生命保険業免許の取得を経て、同年5月から「ライフネット生命保険」として営業をスタートしました。創業から10年、営業開始からまだ8年しか経過していない、若い会社です。

生命保険業は、サイクルの長いビジネスです。終身の商品を取り扱っていますし、商品期間の最低単位は10年ですから、開業してからまだ自社が販売している商品の最低単位にも達していないわけです。

僕は、人間は先々のことが簡単に予測できるほど賢い動物であるとは思っていません。せいぜい2~3年先のことを読むことができるかどうか、という程度でしょう。10年先のことなど、わかるはずがない。世の中は刻々と変わっていきますから、それに合わせて柔軟に対応していくしかないでしょう。ダーウィンの『進化論』のとおり、運と適応こそが、この世を統《す》べる原理なのです。

創業からの10年は、「子育て世代の生命保険料を半分にして、安心して赤ちゃんを産める世の中をつくっていきたい」という思いで、会社を軌道に乗せることにがむしゃらに全力を注いできました。次の10年は、次の世代を育てるために全力を尽くしたいと思って、たとえば毎月、若手社員を集めて「出口塾」を開催しています。

ライフネット生命は、これからの企業です。売り上げはまだ約100億円。日本の生命保険市場は40兆円を超える規模を有していますから、まだまだ先は長いというしかありません。マラソンにたとえるなら、スタジアムの400メートルトラックを1周して、ようやく公道に一歩踏み出した程度でしょう。

やるべきことは、100年後に世界一の保険会社になるという夢に向かって、一歩ずつ前に進んでいくことだけです。そのために、僕はこれからも、「ラディカルに思考すること」を絶え間なく続けていくつもりです。

この本が世に出ることになったのは、編集の労を執っていただいた小学館の大森隆さんと、ライターの漆原直行さんのおかげです。本当にありがとうございました。

みなさんの忌憚《きたん》のないご意見やご批判をお待ちしています。

宛先：hal.deguchi.d@gmail.com

出口治明

2017年3月

出口治明［でぐち・はるあき］

ライフネット生命会長。

1948年、三重県生まれ。京都大学を卒業後、日本生命に入社。企画部などで経営企画を担当するとともに、生命保険協会の初代財務企画専門委員長として、金融制度改革・保険業法の改正に従事する。ロンドン現地法人社長などを務めたあと退職。2008年にライフネット生命保険株式会社を開業した。『生命保険入門　新版』（岩波書店）、『直球勝負の会社』（ダイヤモンド社）、『全世界史』（新潮社）、『世界史としての日本史』（小学館新書。半藤一利氏との共著）など著書多数。

編　集：大森　隆
編集協力：漆原直行／紐野義貴

本物の思考力

二〇一七年四月四日　初版第一刷発行

著者　出口治明
発行人　菅原朝也
発行所　株式会社小学館
〒一〇一－八〇〇一　東京都千代田区一ツ橋二ノ三ノ一
電話　編集：〇三－三二三〇－五一四一
販売：〇三－五二八一－三五五五
印刷・製本　中央精版印刷株式会社

Printed in Japan ISBN978-4-09-825279-4